Staufisches Apulien

Staufisches Apulien

Mit Beiträgen von

Pina Belli D'Elia
Peter Cornelius Claussen
Dankwart Leistikow
Horst Schäfer-Schuchardt
Hans Martin Schaller

Herausgeber:
Gesellschaft für staufische Geschichte e.V.
Göppingen

Schriften zur staufischen Geschichte und Kunst
Band 13

Die Herausgabe dieses Buches förderten durch
Zuschüsse und Spenden:

Hohenstaufenstadt Göppingen

Stiftung der Württembergischen Hypothekenbank
für Kunst und Wissenschaft, Stuttgart
Neckarwerke Elektrizitätsversorgungs-AG, Esslingen am Neckar
Annemarie Dörner-Winkler, Stuttgart

Redaktion: Karl-Heinz Rueß

Gesamtherstellung: Schäfer-Druck GmbH, Göppingen
Auslieferung durch das Stadtarchiv Göppingen

ISBN 3-929776-05-7

Inhalt

Vorwort

Im Oktober 1991 hielt die Gesellschaft für staufische Geschichte e.V. zum 14. Mal die »Göppinger Staufertage« ab. Das Schwerpunktthema »Staufisches Apulien« war im Hinblick auf das 20jährige Bestehen der Städtepartnerschaft zwischen Göppingen und Foggia mit Bedacht gewählt worden. Schon zu einem früheren Zeitpunkt, im Jahr 1985, verfolgte unsere historische Vereinigung mit dem Tagungsthema »Babenberger und Staufer« ein ähnliches Ziel, nämlich die Gemeinsamkeiten im Historischen zwischen den Partnerstädten Göppingen und Klosterneuburg aufzuzeigen. Es war unser Bestreben, für die Tagung Referenten aus verschiedenen wissenschaftlichen Disziplinen zu gewinnen, die teils auch in Apulien ihre Heimat haben bzw. schwerpunktmäßig dort arbeiten. Die Mitwirkenden an den Staufertagen haben ihre Vortragsmanuskripte zur Veröffentlichung in diesem Band zur Verfügung gestellt und um einen Anmerkungsteil ergänzt.

Unser Dank gilt deshalb in erster Linie der Autorin und den Autoren, aber auch Herrn Prof. Leopoldo Bibbò für seine Übersetzertätigkeit sowie den Institutionen und Personen, die Bildvorlagen zur Verfügung gestellt und die Erlaubnis zur Reproduktion erteilt haben. Für die Vorbereitung der Tagung und die redaktionelle Bearbeitung dieses Bandes danken wir dem Geschäftsführer unserer Gesellschaft, Herrn Stadtarchivar Dr. Karl-Heinz Rueß.

Die Herausgabe eines Buches ist unter den vielseitigen Aufgaben der Vereinigung diejenige, welche in finanzieller Hinsicht der größten Kraftanstrengung bedarf. Das Fundament, auf dem sich solche Vorhaben ausführen lassen, legen unsere Mitglieder durch Beitragsleistungen und Spenden. Wir sind aber darüber hinaus auf weitere Unterstützung unserer Arbeit angewiesen. Für die Herausgabe dieses Bandes haben uns die Hohenstaufenstadt Göppingen und die Stiftung der Württembergischen Hypothekenbank für Kunst und Wissenschaft Zuschüsse gewährt, die Neckarwerke Esslingen sowie unser Mitglied Annemarie Dörner-Winkler haben jeweils mit einer großzügigen Spende geholfen. Den Förderern unserer Arbeit gilt unser herzlichster Dank.

Dieses Buch hält nicht nur die Ergebnisse unserer Tagung fest, es vergrößert auch die Reichweite unserer Aktivitäten. Deshalb wünsche ich dem Band eine große Resonanz und gute Aufnahme.

Göppingen, im März 1993

Claus Anshof
Vorsitzender
der Gesellschaft für staufische Geschichte e.V.

Pina Belli D'Elia

Romanisches Apulien*

Lassen Sie mich erst die Grenzen meiner Ausführungen abstecken. Mit dem Begriff »romanisch« möchte ich mich auf ein Gesamtgeschehen beziehen – ich gebrauche hierbei absichtlich das Wort Stil nicht –, das mehr oder weniger gleichzeitig in einem Zeitraum, der das 11., das 12. und in einigen Fällen die erste Hälfte des 13. Jahrhunderts umfaßte, die Länder des kontinentalen und mediterranen Europas einbezog, und alle ausdrucksstarken Formen, aber insbesondere die Architektur, die Frei- oder Bauplastik sowie die prachtvollen und dekorativen Künste von der Miniaturmalerei zur Elfenbeinschnitzerei und von der Goldschmiedekunst bis zur Textilverarbeitung interessierte. Lange Zeit hat die Kritik ein solches Phänomen mit dem der Entstehung der romanischen Sprachen in Beziehung gesetzt. Aber es handelt sich dabei um einen erzwungenen Vergleich, der nicht befriedigen kann, da das Phänomen auch Länder wie England, Irland, Deutschland und Skandinavien erfaßte, die nicht zum neolatinischen Sprachraum gehören, und andere, wie Süditalien, wo lange der Gebrauch des Griechischen bestehen blieb. Außerdem kann man, wenn man die Seh- und Objektformen ebenfalls als Sprachen ansieht, feststellen, wie in romanischer Zeit in dem gemeinsamen spätantiken, lateinischen oder manchmal griechischem Gebiet viele zum orientalischen und »barbarischen« Kulturgut gehörende Motive eingeflochten sind, die oft dessen charakteristische Elemente ausmachen.
Aus analogen Gründen muß man auch die Definition eines »Stils« ablehnen, da das Phänomen, obwohl es grundsätzlich homogen ist, sehr verschiedene formale Charakteristiken je nach Kulturräumen beinhaltet, die größtenteils den heutigen Regionen entsprechen, in denen es sich entwickelt hat. Deshalb spreche ich nicht von einem italienischen oder französischen Romanisch, sondern von einem Romanisch aus der Poebene, von einem burgundischen, provenzalischen oder, wie in unserem Falle, von einem apulischen Romanisch.
Apulien ist die Region, die zum großen Teil dem Absatz des italienischen Stiefels entspricht. Mit der Apenninen-Halbinsel zu einem Drittel seiner Grenzen verbunden, zeigen sich die übrigen Zweidrittel als vom Meer umspülte Küsten. Zu ihnen öffnen sich nur die zwei großen Häfen Brindisi

und Tarent, wenn man – vor allem in Mittelapulien – von einer Reihe von Buchten und Anlegestellen kleineren Ausmaßes absieht, die wegen ihrer Geschichte besonders im Mittelalter einst große Bedeutung besaßen. Während nämlich der Kontinentalteil bereits seit dem Altertum die Verbindungen über die römischen Konsularstraßen mit Rom, Kampanien, Norditalien und indirekt mit Europa förderte, blieben der peninsulare Teil und die Küstenstädte immer offen für den Handel mit der afrikanischen Küste und mit dem Orient (in christlicher Zeit auch für die Pilgerfahrten und den Durchzug der Kreuzritter), so daß die der Region so oft zugeschriebene Bezeichnung »Brücke zum Orient und Okzident« gerechtfertigt ist. Alten Ursprungs ist auch die Unterteilung Apuliens in vier Hauptgebiete: die *Capitanata*, die durch das Vorgebirge des Gargano beherrscht wird und die noch im 11. Jahrhundert von Byzantinern und Langobarden umkämpft war, das *Gebiet um Bari*, das reichste und urbanisierteste, auf dem die Byzantiner die Hauptstadt des Katepanatus Italiens festgelegt hatten, das ionische Gebiet, das durch die alte Hauptstadt der Magna Grecia beherrscht war, nämlich Tarent, und schließlich der fast gänzlich zur Halbinsel geratene *Salento*, wo der Einfluß der griechischen Kultur auf Sprache, Kult sowie Sitten und Bräuche, die auf dem Land tief verwurzelt waren – z.B. Felsensiedlungen – länger anhielt, während sich die drei Städte Brindisi, Lecce und Otranto bereits Mitte des 11. Jahrhunderts der okzidentalen Kultur gegenüber öffneten.

Der Einfachheit halber können wir die romanischen Bauwerke Apuliens in drei Perioden einteilen.
1020 bis 1080: Die Region ist fast gänzlich von den Byzantinern besetzt, die sich zuerst im Kriegsnotstand mit den Langobarden von Benevent befanden und dann mit den Normannen, von denen sie im Jahre 1070 vertrieben wurden. Der Anstoß zur Erneuerung der Architektur und der monumentalen Bildhauerkunst steht in Verbindung mit der Wiedergeburt der Städte als Sitze traditioneller romtreuer Bistümer und mit der Anwesenheit zahlreicher Benediktinerklöster. Im Laufe von nur wenigen Jahrzehnten werden die größten Bischofs-Kirchen als Kathedralen der wiedererwachten Städte neu gegründet und mit Bischofs-Thronen, Kanzeln, Tabernakeln und Chorschranken ausgestattet. Nicht nur wichtige politische, sondern auch religiöse Symbole von einheimischen, noch von Byzantinern geschulten Bildhauern werden geschaffen, die sogar eine eigene Sprachautonomie besaßen. So signieren voll Stolz Acceptus, Romualdus und David ihre eigenen Werke. Gleichzeitig entsteht eine Vielzahl von kleineren Stadt- und Landkirchen, auch werden bedeutende Benediktinerklöster mit angeschlossenen Kirchen gegründet. Ihre Architekturen werden meistens mit Kuppeldecken versehen, die auch

bei länglichen Grundrissen anzutreffen sind, während die großen Kathedralen in Bari, Tarent und Otranto den Grundriß einer Basilika mit Querschiff, Holzdecke und Krypta im Sinne eines Oratoriums unter dem »Haupt« und den Kreuzesarmen wieder aufnehmen. Als Baumaterial wird ein lokaler Kalkstein verwendet, der helle und rosa Schattierungen aufweist. Für die Skulpturen wird griechischer Marmor benutzt. Die Quellen der Bildhauerkunst sind teilweise byzantinischer und islamischer, teilweise aber auch okzidentalischer Herkunft und zahlreiche alte Baumaterialien werden wieder verwendet (= Spolien).

1080 bis 1190: Apulien ist normannisches Herzogtum und deshalb wird es vom Jahre 1135 an ein Teil des Königreiches Sizilien, mit dem es streitet, um sich eine gewisse Unabhängigkeit zu erhalten. Der normannische Auftrag wird Anlaß zum Bau neuer Städte, Kirchen und Klöster. Aber die wirklichen Protagonisten des Baufiebers, das im Laufe weniger Jahrzehnte ihr Aussehen verändert, sind die Städte.

Die größte Ansammlung von sakralen und profanen Bauten befindet sich in der Terra die Bari – Provinz Bari, wo man mindestens 18 Stadtzentren zählen kann; es folgt die Capitanata mit etwa zehn und an letzter Stelle der Salento. Dies, weil Lecce, die größte Stadt und Hauptstadt der gleichnamigen Grafschaft, im 17. und 18. Jahrhundert gänzlich umgewandelt wurde und daher fast alle Spuren aus romanischer Zeit verloren hat.

Das bedeutendste Bauwerk im Raume Bari ist wegen der Neuheiten, die es in der äußeren wie inneren Struktur und in der plastischen Dekoration zeigt, die Basilica di San Nicola von Bari, die im Jahre 1087 begonnen und gegen Ende des folgenden Jahrhunderts eingeweiht wurde und die in den folgenden zwei Jahrhunderten zum Muster für die größten Bauten der benachbarten Städte werden sollte. Hier ist besonders die Kathedrale von Bitonto zu nennen, die wahrhaftig wie ein verkleinerter Maßstab von San Nicola erscheint. Nach dem gleichen Muster wird teilweise auch die Kathedrale von Bari nach der Zerstörung der Stadt durch die Hand Wilhelms I. (1156) errichtet.

Durch diesen Wallfahrtsort (Bari), der sich den Pilgern auf dem Weg nach Rom und ins Heilige Land anbietet, paßt sich die apulische Architektur an die größten sakralen Bauten Italiens in der Poebene (Kathedrale von Modena) an und nimmt wie selbstverständlich vom europäischen Festland hergeleitete Strukturen wie z.B. Tribünen über den Seitenschiffen oder Türme auf, die aber mit großer Eigenständigkeit und mit bis dahin unbekannten Lösungen neu interpretiert werden.

Ein anderes Gebäude von außerordentlicher Schönheit ist die Kathedrale von Trani, die in einem einzigen Komplex vier verschiedene Kultstätten verbindet: das Hypogäum des Hl. Leucius (8. Jahrhundert), die Unterkirche

Santa Maria, die Krypta und schließlich die Oberkirche – die beiden letzteren San Nicola Pellegrino geweiht.
Ganz eigenartig erscheint die Kathedrale von Molfetta, die St. Konrad gewidmet ist, und die größtenteils den Bautyp wieder aufzeigt und entwickelt, der durch Kuppeln gekennzeichnet ist, die ihrerseits durch Strebepfeiler mit Halbtonnengewölbe über den Seitenschiffen gestützt werden. Aber diesen Typ besitzt darüber hinaus eine andere Besonderheit bareser Ursprungs: Apsiden, die in einer geradlinigen Wand, die zwei Kirchtürme umschließt, eingebunden sind.
In der Capitanata hingegen sammelt sich um den Wallfahrtsort von San Michele in Monte Sant'Angelo auf dem Gargano eine Reihe von Gebäuden: San Pietro, das Baptisterium Tomba di Rotari und die Kathedrale Santa Maria. Unten in der Ebene zwischen Foggia und Manfredonia wird die vielleicht älteste Kirche Santa Maria di Siponto, ursprünglich wohl ein Baptisterium der benachbarten frühchristlichen Basilika, in eine Kathedrale verwandelt, während nicht weit davon entfernt die dem Hospiz für die Pilger von San Leonardo in Lama Volara angeschlossene Kirche entsteht. Außergewöhnlich zeigt sich die Kathedrale von Troia, die durch die Freigiebigkeit ihrer Bischöfe im Laufe des Jahrhunderts mehrmals erweitert und verändert wurde und die in einem entscheidenden Augenblick für die Geschichte der Stadt – sie war romtreu, aber feindlich gegenüber den normannischen Lehnsherren – durch zwei bemerkenswerte Bronzetüren bereichert wird.
In Salento verdient außer den verschollenen romanischen Denkmälern von Lecce, von denen nur die Klosterkirchen von Santi Nicolò e Cataldo übrig geblieben sind, die Kathedrale von Otranto besondere Aufmerksamkeit. Sie wurde gegen Ende des 11. Jahrhunderts im Zentrum des byzantinischen Machtbereiches errichtet und im Laufe des 12. Jahrhunderts in monumentaler Weise verändert, wobei man jedoch das einfache Basilikaschema beibehielt. Von besonderem Interesse ist neben der sehr groß angelegten Krypta das Bodenmosaik, signiert von dem Priester Pantaleone, das denjenigen gleicht, die die Kathedralen von Tarent, Brindisi und Trani zieren. Von ihnen ist nur wenig erhalten geblieben.
In der zweiten Hälfte des 12. Jahrhunderts erklären die immer enger werdenden Beziehungen mit Europa und dem mediterranen Bereich, die durch die Kreuzzüge gefördert werden, die zunehmende Bereicherung der Sprache und der Skulptur mit Elementen, die wie immer vom Orient und Okzident, insbesondere aber von Frankreich und England, herstammen.
Alle großen Stadt- und Klosterkirchen erhalten im Laufe des 12. Jahrhunderts prachtvolle Plastikausschmückungen, die sich um Portale, Fenster, Kapitelle und Bögen häufen. Portale und Apsisfenster werden mit Baldachinen und

1
Bitonto, Kathedrale S. Valentino. Domportal, 1952.

Archivolten bereichert, die sich auf kleine, Tierrücken aufsitzende Säulen stützen (Löwen, Ochsen, Elefanten), während andere monströse Figuren, Tiere oder menschliche Wesen aus den Wänden hervorzukommen scheinen, wo sie zwischen den Archivolten und den kleinen Säulen eingezwängt sind. Es sind Themen, die schon seit dem vorhergehenden 11. Jahrhundert auch die sogenannten Bischofs-Throne erfaßt hatten, von denen der berühmteste anscheinend in den 30er Jahren des 12. Jahrhunderts zum Gedenken an Elia, den mythischen Abt und Gründer der Basilica di San Nicola und Bischof von Bari und Canosa, skulptiert wurde.

1190 bis 1260: Apulien, nunmehr ständiger Teil des Königreiches Sizilien, geht über in die Herrschaft der Hohenstaufer. Während sich in den ersten zwei Jahrzehnten des 13. Jahrhunderts die Tätigkeit der ortsansässigen Protomagister auf die Fertigstellung der Arbeiten an den größten Baustellen beschränkt, wird in der folgenden Zeit gemäß dem Auftrag Friedrichs II. und dann dem seines Sohnes Manfred der Wehrbauarchitektur (Burgen) ein besonderer Vorrang eingeräumt, der letzten Endes zu einem Bau wie den des mythischen und sinnbildhaften Castel del Monte führt.

Die religiöse Architektur, mit Ausnahme der Kathedrale von Altamura, die als einzige im kaiserlichen Auftrag entstand, wird hingegen hauptsächlich von Kirchenseite gefördert. Ihr verdanken wir die Figur des Priester-Protomagister-Nikolaus in Trani und in Bitonto. Mehr als Neugründungen nimmt man Erweiterungen wie Erhöhung des Innenraumes und Fertigstellungen oder Umbauten an älteren Gebäuden wahr, die oft noch mit Rosetten an der Fassade und an den Stirnseiten der Querschiffe verziert werden.

An eine neue Reihe von liturgisch monumentalen Einrichtungen wie Kanzeln, Tabernakeln und Chorschranken ist der Name einiger großer Künstler geknüpft, deren Tätigkeit auch im Dienste des Kaisers bestätigt wird: Alfano aus Termoli, Gualtieri aus Foggia, Anseramus aus Trani sowie Bartholomäus und sein Sohn Nikolaus aus Foggia.

Viele dieser Bildhauer und Architekten setzen ihre Arbeit auch in der folgenden Periode (1260 - 1300) im Dienste des Hauses Anjou fort. Die »Sprache« der Romanik, tiefverwurzelt in Apulien, behält die eigene Vitalität noch über das 14. Jahrhundert hinaus bei, wenn die letzten zwei romanischen Portale Apuliens in Bitetto und Altamura im Auftrag von Robert dem Weisen sowie von Johanna und Robert von Tarent ausgeführt werden.

* Bei den 14. Göppinger Staufertagen hielt Professorin Pina Belli D'Elia den Eröffnungsvortrag, der – unterstützt durch eine große Zahl von Lichtbildern – dem Publikum ein umfassendes Bild von der romanischen Baukunst Apuliens vermittelte. Das in italienischer Sprache gehaltene Referat wurde während der Veranstaltung von Prof. Leopoldo Bibbò ins Deutsche übersetzt. Die hier wiedergegebene Übersetzung stammt von Prof. Leopoldo Bibbò, Foggia, und Dr. Horst Schäfer-Schuchardt, Würzburg.

Dankwart Leistikow

Castel del Monte
Baudenkmal zwischen Spekulation und Forschung

Ein steinernes Buch

»Un libro di pietra«, ein steinernes Buch, so nannte die frühverstorbene italienische Kunsthistorikerin Maria Letizia Troccoli Verardi Castel del Monte und traf damit Entscheidendes. Ein Buch, das bedeutet hier: Ein Buch mit vielen Inhalten, ein Buch der Geschichte, der Architektur, der Skulptur und der Dekoration, ein Buch der Geometrie vielleicht, gar auch der Astronomie und der Symbole? – jedenfalls aber »ein Buch mit sieben Siegeln«! In welcher Sprache ist es geschrieben, nach welchen Vorstellungen konzipiert, braucht man zu seinem Studium einen Übersetzer, zumindest einen erfahrenen Deuter? Und wer ist sicher in solcher Rolle? [1]

Wer kann sich angesichts der vielfältigen Aspekte dieses Bauwerks der Forderung stellen, wesentliches von seinem Gehalt zu erfassen und auszusagen und dabei in kleinen Schritten voranzugehen, anstatt in großem Anlauf die Probleme auf einmal lösen zu wollen – eine Gefahr, auf die das Thema hinführt: Manche möchten in diesem Buch gern zwischen den Zeilen lesen, sich voreilig über den verschlüsselten Text erheben und am Ende das hinein interpretieren, was ihnen ihr Wunschdenken eingibt. Insofern unterliegt dieses »steinerne Buch« seit langem den verschiedensten Ausdeutungen, und dieser Umstand beherrscht die Interpretation des Monuments bis heute.
Im Gegensatz hierzu sollte es das Ziel sein, die Quellen und den Bau selbst mit aller gebotenen Nüchternheit zu befragen, einige Blicke in seine Forschungsgeschichte zu werfen und dabei kritisch zu beleuchten, welche spekulativen Elemente – solche also, die nicht durch wissenschaftliche Erkenntnisse gedeckt sind – vor oder neben der ernsthaften Quellenforschung immer wieder in den Vordergrund drängen. Und so geht es hier um den Versuch, einige wenige Blätter dieses Buches von unterschiedlicher Thematik aufzuschlagen, um das Wissen um die »Krone Apuliens« zu überprüfen und zu bereichern.

Das Mandat von 1240

Die erste und wichtigste Urkunde ist natürlich der Bau selbst, dann aber folgen die historischen Quellen, von denen es aus der Entstehungszeit des Kastells leider nur eine gibt, das bekannte Mandat Kaiser Friedrichs II., gerichtet an den Justitiar der Capitanata, Riccardo de Montefuscolo, vom 29. Januar 1240 aus Gubbio, in dem er für das Kastell, das er »bei Santa Maria de Monte« zu errichten beabsichtigt, sofort den »actractus« auszuführen in Auftrag gibt.[2]
Es soll dieser »actractus« mit Kalk, Steinen und allem, was sonst nötig ist, unverzüglich veranlaßt werden, und der Justitiar soll dem Kaiser laufend über die unternommenen Schritte berichten. Dies ist in Kürze der Inhalt dieser Anweisung. Aber was ist unter dem hier verlangten »actractus« (attractus) zu verstehen, jener »sibillina parola«, von der noch 1980 A. Cadei spricht?[3]
Seit mehr als 130 Jahren, seit der unrichtigen Annahme Huillard-Bréholles' von 1859 in seiner verdienstvollen »Historia Diplomatica« Friedrichs II., hier sei ein falscher Begriff unterlaufen, indem an Stelle des eigentlich gemeinten »astracus« (nämlich Estrich) ein juristischer Terminus (eben der »actractus«) in die Urkunde eingegangen sei, hat die Wissenschaft mit diesem Irrtum gelebt und auf diesem angeblichen »Estrich« immer wieder Folgerungen und Deutungen aufgebaut. Letztes Beispiel ist die Vorstellung H. Götzes, ein (im Durchmesser notwendigerweise fast 60 m großer!) Reißboden sei aus Kalk und Steinen auf dem Bauplatz angelegt worden, um darauf die angebliche »Meßfigur« des Grundrisses aufzutragen, ja ein anderer Autor geht so weit, noch Teile dieses Estrichs festgestellt zu haben, den »Friedrich II. persönlich geordert« habe.[4]
Die historisch belegte Wirklichkeit sieht jedoch anders aus. Wie der Verfasser in einer kürzlich publizierten Arbeit – u. a. durch Heranziehung englischer Beispiele aus dem mittelalterlichen Burgenbau – nachweisen konnte, handelt es sich bei dem im Mandat geforderten »actractus« um einen mittellateinischen Begriff, der die Bereitstellung von Baumaterial beinhaltet und der auch in Süditalien (sogar in einem weiteren Mandat des Kaisers und noch in Dokumenten der Anjouzeit) vorkommt.[5]
Anstatt die Quellen gründlich zu befragen, wurden in diesem Falle immer wieder Spekulationen auf einem Irrtum aufgebaut, der nun endgültig ausgeräumt sein dürfte.
Im übrigen ist das Mandat Friedrichs II. keineswegs so wortkarg, wie man öfter unterstellt hat. Der Kaiser wollte hier ausdrücklich ein »castrum« errichten, nicht ein »palatium« oder eine »domus«, eines jener Jagd- und Lustschlösser, deren er besonders in seiner Regierungsprovinz so viele hat bauen lassen. Ein »castrum« sollte Castel del Monte werden, eine Burg oder ein

Kastell, wie immer man diesen Begriff hier auslegen will. Da vom gleichen Tage und Ort ein weiteres Mandat an denselben R. de Montefuscolo ausdrücklich von des Kaisers »domus« in der Capitanata handelt, sollte die Terminologie der mittelalterlichen Quellen unvoreingenommen befragt und in jedem Falle ernst genommen werden.[6]
Zur Klassifizierung von Castel del Monte sei noch angemerkt, daß dieses im sogenannten »Statutum de reparatione castrorum« aus der Zeit Friedrichs II. (überliefert in einer Fassung der Anjouzeit) ebenfalls als »castrum« geführt wird und noch 1269, zur Zeit Karls I. von Anjou, werden als Besatzung ein »castellanus miles« und 30 »servientes« bezeugt. Diese Zahl entspricht z.B. der des bedeutenden Kastells von Canosa di Puglia. Auch das kann kaum anders als ein Hinweis auf die militärische Bedeutung des damals freilich auch als Gefängnis der Söhne Manfreds dienenden Bauwerkes gewertet werden.[7]
Nicht zu vergessen ist schließlich, daß König Karl noch 1277 Maßnahmen treffen ließ, um die Verteidigungsfähigkeit von Castel del Monte zu erhöhen: Nicht nur die Vergitterung der Fenster, die zweifellos den Gefangenen galt, sondern auch die Anbringung von »bertesce« und »guaytarole«, wohl von Wehrerkern und ähnlichen Einrichtungen an den Türmen (deren Reste erst bei den Restaurationsarbeiten seit dem Ende des 19. Jahrhunderts entfernt wurden), weisen in diese Richtung.[8]

Lage und Ursprung

Jedem, der diesen Bau je erblickte, bleibt seine herausragende Position im Landschaftsbild lebhaft in Erinnerung. Von mehr als 20 km Entfernung sieht man das Monument aus dem Höhenzug der Murge aufragen, und noch aus der Nähe gesehen, steht der Bergkegel mächtig über seiner Umgebung. B. Ebhardt zeichnete die Burg, gewiß übertreibend, aus solcher Sicht im Jahre 1902.[9] Der Berg jedenfalls gab diesem Bauwerk den Namen: »del Monte«! Man hat daher an eine »Motte« gedacht, an jenen frühen Typus der Turmhügelburg, der hier noch einmal verwirklicht worden sei. Ja, es gab Überlegungen, dieser Berg sei gar künstlich angeschüttet oder zumindest in seinem Umriß gegenüber der natürlichen Gestalt verändert worden.
In keinem Falle ist das landschaftliche Umfeld geblieben, wie es zu den Zeiten war, als der Kaiser das Kastell errichtete. Aber wie sah damals die Landschaft aus? Es gibt hierzu zwei »Theorien«. Die eine spricht von der grenzenlosen Einsamkeit der kahlen Hügel der Murge, über der nur die Raubvögel ihre Kreise ziehen, die andere von einem einst üppig bewaldeten Gebiet, das ein ideales Jagdrevier gewesen sei und jener »amoenitas loci«

Ausdruck gab, die der Kaiser selbst öfter hervorhob. So etwa beschreibt auch Haseloff das einstige Bild der Regierungsprovinz Capitanata.[10]
Noch in der ersten Nachkriegszeit um 1950 erschien die Landschaft um die Burg tatsächlich karg, steinig, weitgehend baumlos und unbewachsen. Bilder können das deutlich belegen. Nur an der Straße zum Kastell hatte man Pinien gepflanzt, die den Aufstieg begleiten und auch bei glühender Sommerhitze Schatten spenden. Heute dagegen sind weite Bereiche der Landschaft aufgeforstet und man meint, unterschiedliche Ideologien lägen hier im Widerstreit. Jedenfalls ist die Umgebung des Kastells heute weitgehend begrünt und damit wieder dem angeblichen Idealzustand von einst nahe, als rauschende Wälder es umgaben, einladend für die kaiserliche Jagd. Dagegen sagt R. Legler, C.A. Willemsens »Waldtheorie« glaube niemand mehr, der Berg sei immer kahl gewesen.[11]

Wo liegt also die Wahrheit, wo beginnt auch in dieser Frage die Spekulation? Sicher gibt es heute Methoden der Wissenschaft, um solche Fragen aufzuklären, ehe man – wie Puristen forderten – selbst die Pinien an der Straße entfernt, vielleicht einer unbeweisbaren Fiktion willen. Vor allem aber muß man davor warnen, diese in wesentlichen Teilen unberührte Landschaft in einen »Kulturpark« oder ähnliches zu verwandeln. Dies wäre der sicherste Weg, um jenen Ort für Jahrzehnte, wenn nicht für immer zu zerstören.
Was den Ursprung des Kastells angeht, sollte man die zum Teil recht abwegigen und jedenfalls nicht beweisbaren Vorstellungen früher italienischer Forscher und Schriftsteller über die Entstehungsgeschichte von Castel del Monte nur eben streifen.
Man postulierte – wie bei so vielen deutschen Burgen – ernsthaft einen römischen Ursprung des Bauwerkes, in diesem Falle im Zusammenhang mit der ungeklärten Lokalisierung einer römischen Stadt Netium, die man in diesem Landstrich vermutete. Es gab auch lange noch Behauptungen, die Anlage sei auf Robert Guiscard oder einen seiner Weggefährten unter den frühen normannischen Eroberern zurückzuführen. Noch im 20. Jahrhundert erschienen Abhandlungen, die in dem Gebäude eine im Mittelalter umgebaute römische Villa sahen, Aussagen, die in den historischen Nachrichten keinerlei Stütze finden. Aber man versuchte auch, die Stellung der Burg in einem genau fixierten System der militärischen Landesverteidigung zu begründen, und andere wieder sahen das Kastell als Signalstation oder Befehlszentrale in weiträumigen Zusammenhängen.[12]
All das rührt an die bis heute ungeklärte Zweckbestimmung dieses rätselhaften Bauwerkes, eine Frage, die hier nicht ausgebreitet werden kann. Viele dieser Meinungen sind heute vergessen, andere werden morgen an ihre Stelle treten.

Einig sind sie sich allein darin, daß sie weitgehend auf oft leichtfertigen Spekulationen beruhen.
Anders sind freilich die urkundlichen Nachrichten zu bewerten, die am Standort des Kastells oder in seiner Nähe seit dem frühen 12. Jahrhundert (1120), im Laufe des 12. Jahrhunderts und dann wieder nach Friedrichs II. Tode, von einem Benediktinerkloster »S. Mariae de Monte Balneoli« berichten.[13] Im Jahre 1258 beklagt die Aussage einer Urkunde aus den Registern Papst Alexanders IV., dieser Konvent sei »wegen der tyrannischen Verfolgung durch den verstorbenen Friedrich, einst römischer Kaiser, Feind der Kirche ...« nach Barletta an die Kirche S. Maria de Stirpeto verlegt worden, ein deutlicher Hinweis auf die Verdrängung einer geistlichen Anstalt durch den Bauherrn des Kastells, der in derartigen Fällen gewiß wenig Rücksicht kannte. Die damit zusammenhängenden Fragen bedürfen weiterer Klärung, umso mehr als bisher bauliche Reste zugehöriger Anlagen bisher nicht gefunden wurden und auch Sthamer im Hinblick auf etwaige normannische Vorgängerbauten nur unklare Andeutungen gibt.[14] An der Urheberschaft Friedrichs II. an dem bestehenden Kastell gibt es aber heute keine Zweifel mehr.

2 ←
Castel del Monte. Darstellung des 17. Jahrhunderts aus dem Atlas der Brüder A, und N. Michele de Rovere.

3
Castel del Monte in baumloser Umgebung, Mitte 20. Jahrhundert.

4
Castel del Monte mit heutigen Aufforstungen, Aufnahme um 1980.

5→
Castel del Monte, Kastelle und Jagdschlösser (domus) Friedrichs II. im Umkreis von ca. 50 Kilometern Luftlinie. Die Zahlen beziehen sich auf das »statutum de reparatione castrorum«.

● CASTRUM
○ *DOMUS*
99 = NR im STATUT
⊗ wichtige ORTE
nicht lokalisiert: *175*
DOMUS MONTIS MORCONIS

CERIGNOLA
○*80*
CANO
● 97
OFANTO
CORLETO
●
T. ALEMANNA
●
PROV. FOGGIA — PROV. BARI
GAUDIANO
○*170*
⊗ M
OFANTO
○ *S. NICOLA*
LAVELLO
○*169*
○ *CISTERNA*
167
BOREANO
○*171*
MELFI
● 166
S
●
VENOSA
●
PAL. S. GE
○
PROV. POTENZA
ATELLA
●
○ *AGROMONTE*
176
GENZ
●
LAGOPESOLE
○*177*
ACERENZA ●
0

95 BARLETTA
TRANI
94
BISCEGLIE
ANDRIA
98
MOLFETTA
CORATO
100
93 BARI
TERLIZZI
104
RUVO
103
CASTEL del MONTE
99
INO M.
M u r g e
GARAGNONE
102
OLA
PROV. BARI
ONTE SERICO
173
GRAVINA di P.
101
ALTAMURA
D 10/92
20
30
40
50 km

Die Lage des Kastells, d.h. sein geographischer Ort, gibt dagegen auch heute noch zu zweifelhaften Kombinationen Anlaß. Da ist etwa die Vorstellung, Castel del Monte liege auf einer (imaginären) Achse, die Jerusalem und Chartres verbindet oder gar die Behauptung, daß zwischen dem Bau Friedrichs II. und den Pyramiden geheime Beziehungen beständen, und es fehlen natürlich auch nicht die Hinweise auf das praehistorische Monument von Stonehenge in Südengland – Vorstellungen, die nur ungeprüft beiseite gelegt werden können.
An der Grenze zu solchen Phantasieprodukten stehen freilich auch manche der Vorstellungen A. Tavolaros, der aus der geographischen Position Castel del Montes nahe dem 41. Breitengrad weitreichende Schlüsse astronomischer Art auf Lage, Anlage und Baugestalt des Kastells ableitet. Die kompetente Überprüfung solcher Thesen erst könnte etwaige ernsthafte Beobachtungen von unbewiesenen Spekulationen trennen.[15]

Grundrißgeometrie

Die Geometrie des Grundrißbildes von Castel del Monte wurde in den letzten Jahren zum bevorzugten Experimentierfeld spekulativer Untersuchungen und Behauptungen sowie von neuen Lösungsvorschlägen, auf deutscher wie auch auf italienischer Seite. Eine wesentliche Rolle kommt hierbei den Publikationen von H. Götze zu.[16]
Solchem Bemühen steht freilich von Anfang an die Tatsache entgegen, daß neben der für ihre Zeit durchaus anerkennenswerten Planpublikation von G. Chierici von 1934 bis heute keine archäologisch getreue, wissenschaftlich qualifizierte Bauaufnahme des Kastells existiert und daß es der Erfahrung von mehr als fünf Generationen währender archäologischer Bauforschung in Antike und Mittelalter widerspricht, ohne diese Voraussetzung die Feststellung angeblicher Entwurfsgrundlagen geometrischer oder gar symbolischer Art bei einem so exponierten Bauwerk auch nur ernsthaft anzugehen, dazu mit dem Ziel, als Basis der Planung geometrische Figuren nachweisen zu wollen.
Wenn zu solchem Vorgehen hier A. von Gerkan zitiert wird, dann nur, um seit langem feststehende Grundsätze noch einmal ins Gedächtnis zu rufen. Er sagte von diesen Symbolfiguren schon im Hinblick auf die Antike: »... nicht einmal ihr Symbolwert ist nachgewiesen ... Noch fragwürdiger ist die geforderte Dauergeltung immer derselben Figuren in allen bekannten und unbekannten Religionen, beginnend mit den vorgeschichtlichen Menhirs ... bis in die klassische Antike von Hellas und Rom ... wiewohl die antike

Literatur weder von der Methode noch von den zählebigen Symbolen auch nur eine Spur enthält.«[17] Dies trifft ohne wesentliche Einschränkungen auch für das Mittelalter zu.
So sind alle Arten von Erklärungsversuchen zur Ermittlung der geometrischen Grundlagen von Castel del Monte ohne die Voraussetzung einer exakten Bauvermessung als reine Gedankenspiele zu werten, die zwar anregend sein können, zum existierenden Bauwerk aber in keinem gesicherten Verhältnis stehen. Dasselbe gilt sinngemäß für die so oft angestellten Vergleiche mit anderen Bauwerken und Ornamentbildungen, hinweg über kaum faßbare Zeiträume, Entfernungen und Kulturkreise und gilt erst recht für die vermeintliche Entdeckung angeblich grundrißbestimmender Symbolfiguren für große Architekturen überhaupt.
Dazu gehört auch die gedankliche Einbeziehung der Grundrißgestalt des staufischen Kastells in die Mystifikation eines »Mandala«, wie es selbst seriöse Autoren betreiben. A. Milella-Chartroux stellt den Grundriß unter dem Aspekt eines »Mandala« in eine Reihe geometrischer Manifestationen, für die er Beispiele aus christlicher, islamischer und fernöstlicher Herkunft anführt und die im achteckigen Mandala des chinesischen Philosophen Pa-Kona (um 2600 v. Chr.) gipfeln. A. Thiery, der schon den sog. Felsendom von Jerusalem als eine »struttura tipicamente mandalica« kennzeichnete, dehnt diese Begriffswelt bedenkenlos auch auf Castel del Monte aus, unterlegt dessen Baugestalt entsprechende Symbolfiguren und führt damit die spekulativen Deutungsabsichten zu einem fragwürdigen Höhepunkt.[18]
Aussagen dieser Art ließen sich noch vermehren, auch wenn man die historischen Paradebeispiele für dieses Genre, die Erscheinungsformen des heiligen Grals und die Templergeheimnisse (die natürlich auch mit diesem Bau zusammengebracht werden), hier nicht einmal bemüht.
Zur Geometrie des Grundrisses, zu der sich H. Götze seit 1984 in vier Publikationen geäußert hat, lieferte dieser Autor einen Konstruktionsvorschlag, von dem er apodiktisch sagt: »Für Castel del Monte gibt es keinen anderen Konstruktionsplan als den dargelegten«.[19]
Dieser in sieben Schritten erzeugte Plan ist freilich viel zu kompliziert, für einen mittelalterlichen Baumeister kaum praktikabel, und erweckt vor allem gegenüber der angeblichen »Meßfigur« (richtiger Symbolfigur), dem »Achtstern«, höchstes Mißtrauen, zumal dieser vom Autor ohne Einschränkung als die maßgebende Grundlage des Kastellgrundrisses vertreten und verteidigt wird.[20]
Einen solchen Achtstern kann man als eine geläufige geometrische Figur grundsätzlich in jeden Kreis, in jedes Quadrat und Achteck hineinkonstruieren, d. h. durch wechselseitige Verbindung gegenüberliegender Punkte eines

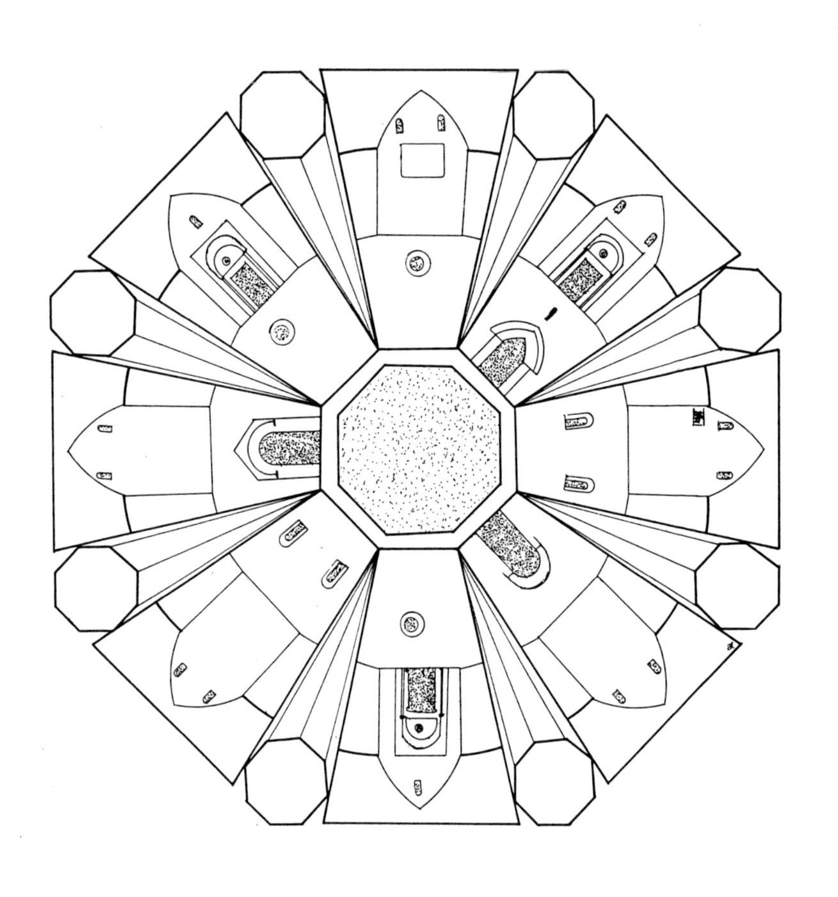

6
Castel del Monte. Darstellung von A. Thiery »il fiore del visionario immagnifico«, 1983.

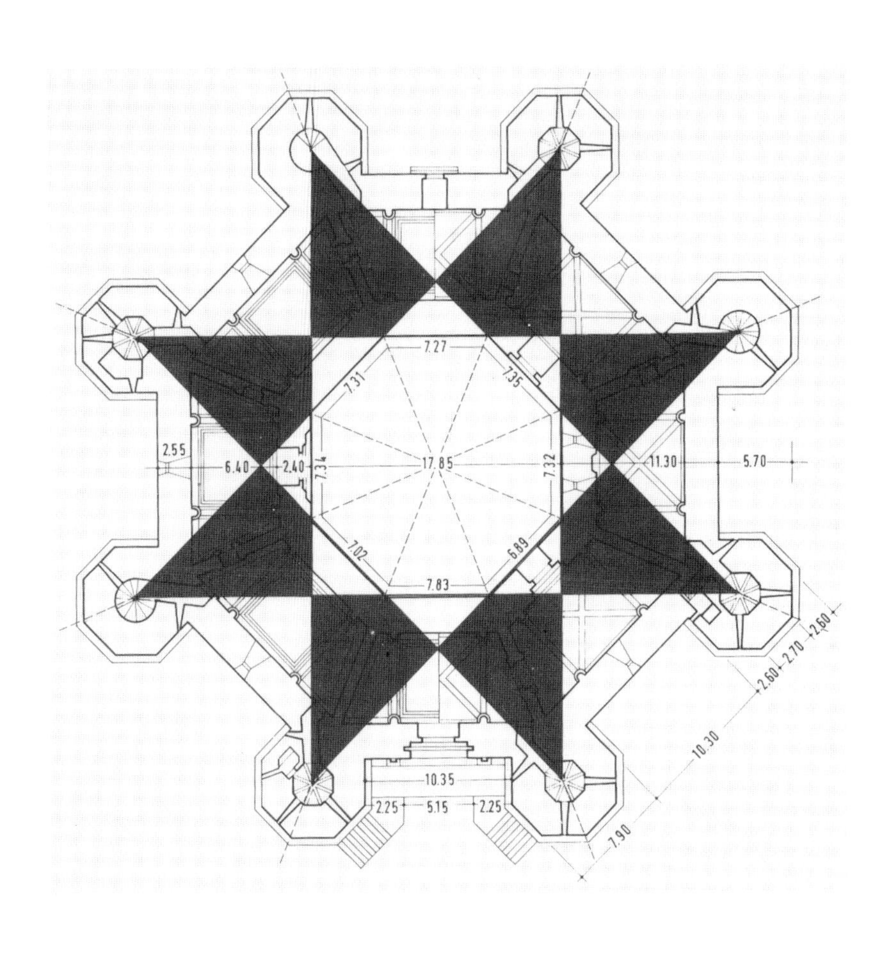

7
Castel del Monte, Erdgeschoßgrundriß mit eingezeichnetem Achtstern als »Meßfigur« bei H. Götze, 1984.
(Die zugrundegelegten Maße sind durch die Meßergebnisse der Arbeitsgruppe W. Schirmer überholt. Diese sind in der dritten Auflage des Buchs von H. Götze über Castel del Monte angegeben, Abb. 241, S. 163).

Achtecks erzeugen. Das ist nichts Neues. Es erheben sich aber begründete Zweifel, wenn eine solche Figur zum konstituierenden Element der Grundrißgestalt nicht nur von Castel del Monte erhoben wird, sondern vom sog. Felsendom in Jerusalem, über byzantinische Bauten bis hin zu S. Vitale in Ravenna und anderen.[21]

Angesichts der immer wieder vorgetragenen, angeblich nunmehr gelösten Entwicklung des Grundrisses von Castel del Monte, hat der Verfasser den von Götze dargestellten Konstruktionsweg verfolgt und im Gegensatz dazu in einem eigenen Vorschlag dargelegt, daß die Konstruktion dieser behaupteten Basisfigur auf viel einfachere Weise möglich ist. Es zeigt sich dabei folgendes:

1. Die Konstruktion eines Grundquadrates über dem Innenhof als Ausgangsbasis für das Hofachteck ist allein mit Zirkel und Meßlatte, d. h. auch ohne den Lehrsatz des Pythagoras (mit der bekannten Seilknoten-Methode), auf einfache Weise möglich, ebenso wie die Erzeugung des Achtecks ohne die gegenseitige Verdrehung von zwei Quadraten.
2. Aus einem mit elementaren Mitteln konstruierten Grundquadrat bestimmter Seitenlänge sind nach Verlängerung der Seiten über die Eckpunkte hinaus allein mittels Zirkelschlägen mit dem Radius der halben Diagonale des Quadrats um seine vier Eckpunkte alle wesentlichen Elemente einer Grundfigur der gewünschten Form geometrisch festgelegt, die zudem ohne Verdrehung mit der Grundseite parallel zur Ausgangsposition steht. Diese Elemente sind:
   a) die Eckpunkte des Achtecks als »Innenhofgrundriß«,
   b) die Innenkanten der Mauern des großen Außenachtecks,
   c) die Mittelpunkte der acht Ecktürme und deren Außengestalt.
3. Die sogenannte Diagonallösung, bei der der Achteckgrundriß um 22^0 verdreht und auf einer Spitze stehend erscheint, ist für die Planung und die Anwendung auf der Baustelle als unpraktikabel auszuschließen und daher nur von theoretischem Wert.
4. Die nachträgliche Einführung einer Rastermethode als zweiter Lösungsweg bringt gegenüber der ersten keine Vorteile, eher weitere Komplikationen.

Die Vorstellung, daß auf diese Weise der maßgebende Grundplan des vorhandenen Baues zu gewinnen wäre, muß allerdings ein Wunschdenken bleiben. Allenfalls ein »Idealschema« könnte dabei das Ergebnis sein, und das zeigen auch die ersten Meßergebnisse der neuen Bauaufnahme.

Das hier vom Verfasser dargelegte Verfahren bedarf vor allem keines »Achtsterns«, der weder als Basis noch zur Erzeugung dieser Konstruktion notwendig ist, noch irgendwo real oder imaginär auftaucht. Das Verfahren führt

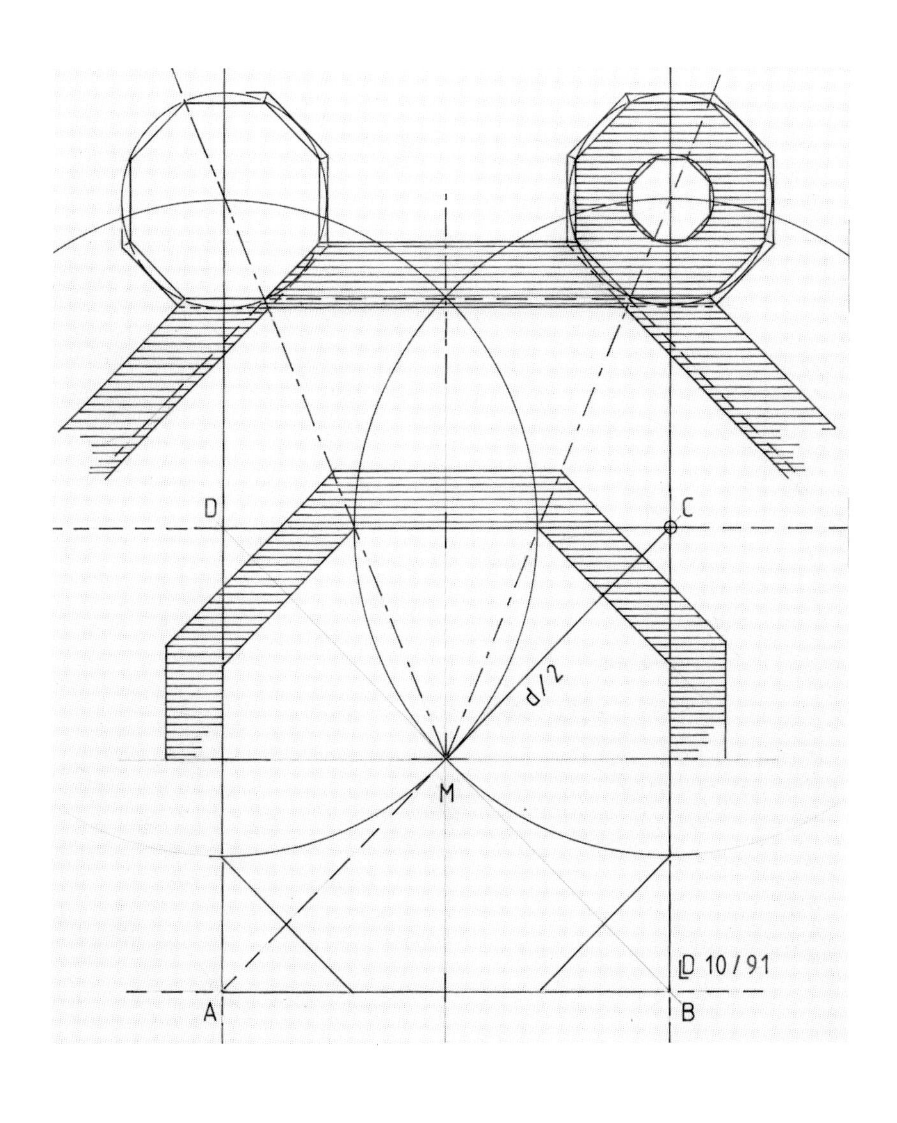

8
Konstruktionsvorschlag für ein Idealschema des Planes von Castel del Monte »ohne Achtstern«.

– da sich die Geometrie seit Euklids Zeiten bekanntlich nicht verändert hat – zum gleichen Bild, das Götze auf umständlicherem Weg kreiert, und soll daher als »Castel del Monte ohne Achtstern« vorgestellt werden.[22]
Daraus resultiert: Es gibt auch andere, einfachere Methoden, um die denkbaren geometrischen Voraussetzungen dieses Grundrisses aufzulösen, und es bedarf vor allem nicht der Unterlegung oder Aufprägung von Symbolfiguren, um diesen Plan zu erklären. Solche haben, das wird hier wiederum deutlich und gilt auch für den behaupteten »Achtstern«, für die Entwicklung des Bauplanes von Castel del Monte keine Rolle gespielt, sind vielmehr als unbewiesene Erfindungen, als eine Fiktion zu klassifizieren.
Wenn schließlich A. Tavolaro »Die Sonne als Architekt von Castel del Monte« postuliert, so darf diese Formulierung natürlich nicht ernst genommen werden, auch wenn der Autor zumindest im Hinblick auf die (fast) exakte Ausrichtung des Bauwerks nach den Himmelsrichtungen und auch zur Grundrißgeometrie ernsthafte Beobachtungen beigetragen hat.[23]
Auch in diesem Falle bedürfen die aufgestellten astronomischen Aussagen und Beziehungen – die hier von der nicht sicher feststellbaren einstigen Höhe der Hofwände (als »Gnomon«) ausgehen – zunächst einer abschließenden fachkundigen Beurteilung. Ohne Frage sind auch hier berechtigte Zweifel anzumelden.

Maßsystem

Sobald man die geometrisch erzeugten Schemata mit den am Bau gemessenen Maßen vergleicht, werden, wie zu erwarten, beträchtliche Abweichungen deutlich, die nicht nur als Ungenauigkeiten der Bauausführung zu erklären sind, sondern darauf hinweisen, daß auch dieses Bauwerk nach »Maß und Zahl« an der Baustelle emporwuchs, und das natürlich nach einem wie auch immer fixierten Bauplan, nicht aber nach vorgegebenen Symbolfiguren. Auch ist zu bedenken, daß nicht nur der zu solchen Betrachtungen immer wieder strapazierte Grundriß, sondern im gleichen Maße auch der Aufriß und die Schnitte des Baues den behaupteten Maximen – seien sie wirklich vorhanden gewesen – zu folgen hätten. Davon ist aber bezeichnenderweise nie die Rede.
Allein aus der Sicht des bisherigen Fehlens jeder gesicherten Planunterlage, bedeutet es einen unschätzbaren Fortschritt, daß seit 1990 ein Team von qualifizierten Fachleuten der Technischen Universität Karlsruhe unter Professor Dr.-Ing. Wulf Schirmer die Aufgabe einer exakten Vermessung des Kastells übernommen hat. Auf die Dokumentation der auf diesem Wege

erzielten Ergebnisse darf man mit Recht gespannt sein und große Hoffnungen setzen.
Noch ehe solche vorliegen, sollen noch einige Anmerkungen zu dem bei Castel del Monte verwendeten Maßsystem, unter dem vorrangigen Aspekt der zugrunde liegenden Maßeinheit, gegeben werden. Erst in der neueren italienischen Literatur gibt es hierzu Äußerungen aus dem Kreis der Fachleute. So sagt M. L. Troccoli Verardi: »È noto comunque che ogni misura del castello è multipla o sottomultipla del 'palmo napoletano' usato per molto tempo in Puglia, mentre non trova riscontro né con il piede tedesco né con quello francese. Questa potrebbe essere una prova che l'autore di Castel del Monte non può essere che un architetto locale.«[24]
In einer Studienarbeit der Universität Neapel wurde die »Modulation« der Architektur des Baues untersucht, mit dem ausdrücklichen Ergebnis, daß sich die Moduli des Portals in einer Größe von 2 Palm ergeben, wobei der Palm freilich entgegen sonstigen Angaben mit 28,6 cm als sehr groß angesetzt wird, während z.B. R. Legler (ohne weitere Begründung) feststellt: »Gemessen wurde in der neapolitanischen Elle (= 0,26 cm).«[25]
H. Götze dagegen hat nach einem nicht näher qualifizierbaren Hinweis von 1984 auf den Römischen Fuß diese Maßeinheit neuerdings als grundlegend erklärt und mit 0,2957 ausgewiesen.[26]
Abgesehen davon, daß der attische und römische Fuß seit A. von Gerkan (1940) im allgemeinen mit 0,294 m (und dies nach K. Hecht als Obergrenze) beziffert wird, hier also mit Differenzen zu rechnen ist, spricht außer dieser zunächst theoretischen Vorgabe und der angeblichen Übereinstimmung der Maße mit einem von Götze konstruierten Rasternetz von 3 x 3 m nicht viel für diese Annahme, ohne daß freilich bereits ein sicheres Urteil möglich wäre. Warum aber sollte an diesem Bau – entgegen den damals in Apulien üblichen Maßeinheiten – der römische Fuß wieder aufgenommen worden sein? – es sei denn, als bewußter Rückgriff auf imperiale römische Traditionen, deren man sich freilich auf dem Gebiet der Architektur ausdrücklich hätte versichern müssen.
Inzwischen wird nun der Bau selbst befragt, während die Quellen noch nicht aufgearbeitet sind. In einem Mandat des Kaisers für das Kastell von Catania von 1239 wird expressis verbis die Erstellung von aufgehendem Mauerwerk in der Höhe von 2 Cannen gefordert, ein Beweis dafür, daß zumindest zu dieser Zeit und an diesem Bau die Canna als Maßeinheit geläufig war.[27]
Die neapolitanische Canna entspricht ca. 2,105 m und wird in 8 Palm unterteilt (1 Palm = ca. 0,263 m). Wenn man weiter berücksichtigt, daß auch in dem weitgehend an die staufische Praxis anschließenden Bauwesen der Anjouzeit in Süditalien offenbar ausschließlich nach Cannen und Palm gerechnet wurde

(wie zahllose Urkunden ausweisen), fragt man sich, warum ausgerechnet an diesem hohe Präzision der Handwerker und Meister fordernden Bauwerk hiervon abgewichen worden sein sollte.[28]
Auch diese Frage kann nur aus der genauen Vermessung des Bauwerks und seiner Details heraus gelöst und nicht auf spekulativem Wege beantwortet werden. Außerdem ist die mögliche Verwendung byzantinischer oder arabischer Maßeinheiten noch gar nicht untersucht worden, die man hier, je nach der Herkunft der Bauleute, keineswegs a priori ausschließen sollte. Vielleicht könnte man auf diesem Wege sogar die alte Streitfrage entschärfen, woher der Architekt und die Handwerker kamen, zumal in der italienischen Literatur nach wie vor die Meinung vertreten wird, daß einheimische Kräfte den Bau ausgeführt haben.[29]

Zur Erforschung von Castel del Monte

Seit wann beschäftigen sich die Altertumswissenschaften, die historische Disziplin und die Kunstgeschichte mit diesem Bauwerk?
Zur Forschungsgeschichte dieses Monuments gibt es kaum weiterführende Aussagen, keine zusammenfassende Publikation. Allein die Reiseliteratur der letzten zwei Jahrhunderte bietet den Schlüssel zu einigen Entdeckungen und interessanten Äußerungen, und nur selten kommen noch ältere Abbildungen zu den längst bekannten hinzu. Apulien wurde im Gegensatz zu anderen Landschaften Italiens erst spät das Ziel von forschenden Reisenden, und so sind vor dem 19. Jahrhundert nur wenige Berichte bekannt, und auch diese umfassen meist keine detaillierten Beschreibungen. Diese Literatur ist weit verstreut und zum Teil schwer zugänglich, noch nicht voll aufgearbeitet.
Es ist kein Zeichen von Eigenlob, entspricht vielmehr den Tatsachen, wenn man den deutschen Anteil an der »Entdeckung« und Bearbeitung von Castel del Monte hoch einschätzt: Die erste wissenschaftliche Auseinandersetzung mit diesem hervorragenden Denkmal ist das Verdienst von Heinrich Wilhelm Schulz aus Dresden (1808-1855), Architekt und Historiker, der sich schon in jungen Jahren aufmachte, um Italien zu entdecken, und der in einer von unglaublichen Strapazen aber auch von Erfolgen begleiteten Reisetätigkeit den Süden des Landes erforschte.[30]
Seine Beschreibungen klingen heute schon wie aus einer fernen Welt herüber, wenn man hört, daß er von etwa 1830 an den ganzen Süden der Halbinsel und Sizilien – von Rom und Neapel aus – großenteils zu Fuß und mehrfach erwanderte, daß er als Zeichner und forschender Architekt nicht nur die wichtigsten mittelalterlichen Bauten und ihre Details aufnahm,

sondern auch mit fast professioneller Energie ihre historischen Voraussetzungen studierte und dazu die Urkundenbestände in den Archiven (z.B. in Neapel) bearbeitete und zum Teil edierte.
Und noch ein zweiter Name ist hier rühmend zu nennen, der des Malers und Architekten Anton Hallmann aus Hannover (1812-1845), der sich im Alter von etwa 22 Jahren mit Schulz zusammen nach dem Süden aufmachte, um wesentliche Teile des großen Werkes, das jenem vorschwebte, zeichnerisch zu erarbeiten. Sein kurzes, bewegtes Leben als Architekt führte ihn unter anderem nach St. Petersburg, London, Paris, München und Dresden, bis er – wie so viele Künstler in dieser Epoche der Romantik – schon 1845 im Alter von 33 Jahren in Livorno verstarb. Diesen beiden rastlos Forschenden ist die erste Auseinandersetzung mit dem Bau, sind die ersten systematisch aufgenommenen Pläne von Castel del Monte zu verdanken.
Im Jahre 1833 scheint Schulz zum ersten Mal vor Ort gewesen zu sein, und im Herbst 1835 hat er sich zusammen mit Hallmann dort aufgehalten und das Kastell aufgenommen: »Dann gingen wir über das Gebirge nach dem schon erwähnten Castel del Monte, das wir aufmaßen.« Er berichtet weiter: »In Rom führte Herr Hallmann während des darauf folgenden Winters (d.h. 1835/36) die verschiedenen Blätter aus, welche dort viel Aufmerksamkeit erregten und u.a. auch Herrn Victor Baltard vor dem Antritte seiner im Auftrage des Duc de Luynes zu unternehmenden Reise nach Apulien die nötigen Nachweisungen über die dort vorhandenen Monumente gaben.« Leider verzögerte sich die Ausarbeitung und Herausgabe des großen Schulz'schen Werkes so sehr, daß es bei seinem frühen Tode 1855 noch nicht erschienen war. Noch im Jahre 1847 schreibt Schulz in seiner Einleitung: »Noch waren die Denkmäler Apuliens, die ich zuerst für die Wissenschaft aufsuchte und auffand und dann durch Hallmann zeichnen ließ, nicht publicirt, als infolge meines Zauderns mit der Herausgabe das Werk des Duc de Luynes mit den Aufnahmen einiger derselben von Herrn Victor Baltard mir zuvorkam, ohngeachtet letztere zur Kenntnis der Existenz der Mehrzahl von jenen Monumenten, wie ich bereits sagte, erst durch Einsicht meiner Zeichnungen gelangten. Einige meiner Hauptsachen, wie das Castelmonte, sind dort mit besonderem Reichthume behandelt worden, so daß es schwer wird, nicht hinter jenen zurückzubleiben.« Die zweifellos sehr gute zeichnerische Aufnahme Victor Baltards (1805-1874), der sich zu seiner Arbeit in einem der Säle des Kastells einquartiert hatte, erschien bereits im Jahre 1844 in einer Prachtausgabe.[31]
So hatten Huillard-Bréholles und Baltard die frühen Pioniere Schulz und Hallmann deutlich überrundet, denn Schulz' Werk konnte erst lange nach seinem Tod, betreut von seinem Freund und ersten Denkmalpfleger Preußens,

Ferdinand von Quast, nach vielen Mühen 1860 erscheinen. An der Priorität der beiden deutschen Forscher ist aber nach den vorliegenden Berichten nicht zu zweifeln. Schulz hat schließlich in seinem Werk nur die beiden Grundrisse sowie Schnitt und Ansicht von Castel del Monte, jedoch keine Details veröffentlicht, Darstellungen, die (nach von Quast) »auf Grund der an Ort und Stelle gefertigten Originalzeichnungen« entstanden.
Im Jahre 1903 zeichnete und fotografierte Bodo Ebhardt, der deutsche Burgenexperte der wilhelminischen Kaiserzeit, in Castel del Monte und publizierte die Ergebnisse in seinem Werk »Die Burgen Italiens«. Der auf Baltard folgende Bearbeiter des Kastells wurde aber der Franzose Emile Bertaux (1869-1917), der nach einigen Aufsätzen 1903 sein großes, bedeutendes Werk »L'art dans l'Italie méridionale ...« herausbrachte. Seine imponierende Leistung wurde 1968 noch einmal durch die Herausgabe eines Nachdrucks mit einem angeschlossenen »aggiornamento« durch die Ecole Française de Rome bestätigt.[32]
Haben auch seine Thesen über den französisch determinierten Ursprung des Kastells und seiner Architekten, die schon in ihrer Zeit in Italien abgelehnt wurden, der wissenschaftlichen Kritik nicht standgehalten, so überzeugt doch sonst Bertaux' sicheres Urteil und seine nimmermüde Auseinandersetzung mit den Bauten Friedrichs II. in Apulien. In seinem Werk verwendete der Autor nochmals die von Baltard ein halbes Jahrhundert zuvor erstellten Pläne des Kastells. Bertaux, seit 1914 zum Kriegsdienst einberufen, starb 1917 im Alter von 47 Jahren und konnte seine wissenschaftlichen Pläne, von denen wir wissen, nicht mehr vollenden. Diese hätten noch manches erhoffen lassen.
Ein enger Mitarbeiter Bertaux', M. Chaussemiche, früherer Angehöriger der »Academie de France de Rome«, hatte nämlich wochenlang in der Einsamkeit von Castel del Monte gearbeitet, um neue Pläne zu erstellen. Diese sollten, wie Bertaux selbst 1903 schreibt, »sehr bald« in einem großen Werk über die Bauten Friedrichs II. veröffentlicht werden. Chaussemiche hatte dazu unter Mitarbeit von M. Join-Lambert und Bertaux auch die sizilianischen Kastelle von Castrogiovanni, Syracus und Catania aufgenommen. Die dringliche Frage nach dem Verbleib dieser Pläne, die nie das Licht der wissenschaftlichen Welt erblickten, kann bisher nicht beantwortet werden. Ob und wo sich vielleicht der Nachlaß von Bertaux erhalten hat, bleibt daher noch aufzuklären.
Der deutsche Gelehrte Arthur Haseloff, der sich mit seinem Werk »Die Bauten der Hohenstaufen in Unteritalien«, erschienen 1920, ein bleibendes Denkmal gesetzt hat, konnte seine auf mehrere Bände veranschlagte Arbeit infolge des Kriegsausganges von 1918 nicht mehr zu Ende führen, obwohl die Vorarbeiten für die Folgebände bis 1914 schon weit gediehen waren. Der

Castel del Monte enthaltende Band über die Provinz Bari war auch in den Bauaufnahmen schon vorangeschritten: Die Architekten Erich Schulz und Philipp Langewand hatten in Castel del Monte offenbar mehrfach gearbeitet, ihre Pläne aber nicht fertigstellen können. Fragmentarische Unterlagen davon haben sich erhalten, die auch Details umfassen und Datierungsvermerke von 1909 enthalten.[33]

Das letzte, weitestgehende und für die Entstehungszeit gründlichste Aufmaß des Kastells durch italienische Studenten des Reale Istituto Superiore di Architettura di Napoli unter Gino Chierici, erschienen als Band I der Serie »I Monumenti Italiani« 1934, bedeutete gegenüber den vorangegangenen zweifellos einen Fortschritt, zumal auch viele Details aufgenommen wurden. Andererseits sind die Mängel nicht zu übersehen und dürfen nicht verschwiegen werden. Immerhin haben aber alle ernstzunehmenden Publikationen mehr als ein halbes Jahrhundert lang von diesen Plänen Gebrauch gemacht.[34]

Von der wissenschaftlichen Auseinandersetzung mit dem Bauwerk Castel del Monte nach 1945, auf die hier nicht näher eingegangen werden kann, zeugen auf deutscher Seite vor allem die Werke von C. A. Willemsen, der auch die gründlichste, noch immer anregende kleine Monographie beisteuerte. Neue Akzente setzten dann die Beiträge von Wolfgang Krönig ab 1948 (und später auch in seinem »aggiornamento« zum Werk von Bertaux), von dem auch eine Summe seiner mehr als 50jährigen Beschäftigung mit diesem Bauwerk vom Druck seines Vortrages auf dem Washingtoner Symposium von 1990 zu erwarten ist. Insbesondere hat er den Blick auf die möglichen islamischen Beziehungen zur Architektur Friedrichs II. gelenkt, die seitdem die Literatur in großen Teilen mehr oder weniger überzeugend beherrschen.[35]

Auf italienischer Seite sind vor vielen anderen die Arbeiten von R. Napolitano und B. Molajoli als Monographien zu nennen, denen sich in jüngerer Zeit die Beiträge von G. Musca, G. B. De Tommasi und M. S. Calò Mariani anschließen – eine stattliche Reihe ernsthafter Auseinandersetzungen mit diesem Monument, die nicht abreißen wird, solange die Rätsel um diesen Bau nicht gelöst sind.[36]

9
Castel del Monte, Ansicht nach Victor Baltard, 1844.

10
Castel del Monte, Fenster im Saal 1 des Obergeschosses, Grundriß und Innenansicht.

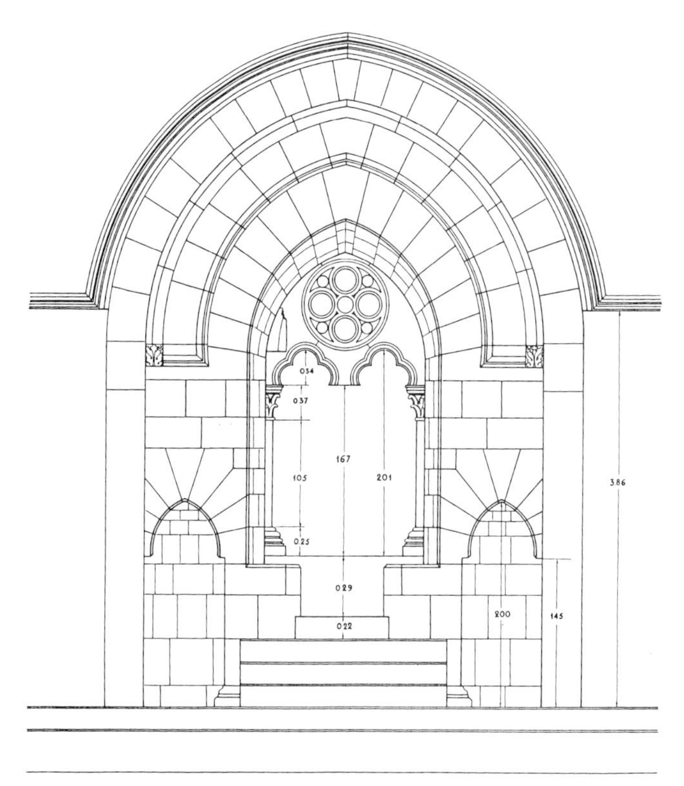

PROSPETTO INTERNO

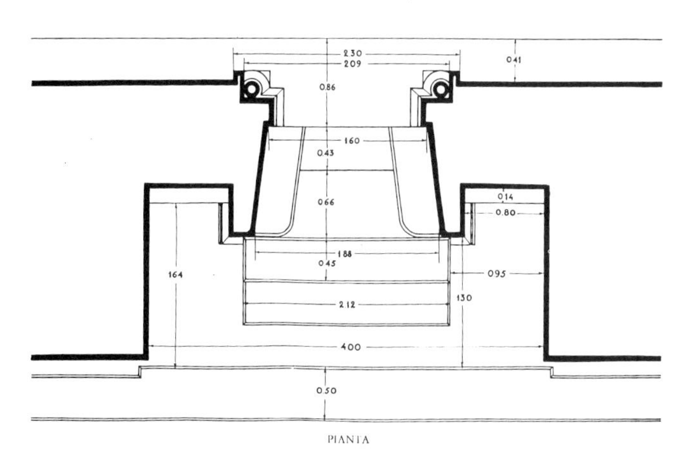

PIANTA

0 1 2m

Wasserversorgung und Sicherheit

Die Wasserversorgung isoliert auf Bergeshöhen gelegener Ansitze bereitete zu allen Zeiten Probleme. Brunnen (wenn überhaupt möglich) und Zisternen boten die einzigen Lösungen. Da auch bei Castel del Monte die Heranführung von Wasser (z.B. über Aquädukte) ausschied, blieb nur die Sammlung von Niederschlagswasser von den Dächern her als gangbarer Weg.
Eine große (noch nicht abschließend untersuchte) Zisterne befindet sich unter dem Innenhof und steht offenbar mit einer außerhalb seitlich des Portals gelegenen kleineren Zisterne in Verbindung. Die Einspeisung des Regenwassers von den Dächern in die Hofzisterne setzt allerdings ein bisher nicht bekanntes Leitungssystem voraus, es sei denn, man hätte sich mit Wasserspeiern begnügt. Senkrechte Kanäle in den Hofwänden sind bisher nicht sicher gedeutet. Aus der Hofzisterne konnte das Wasser mit Eimern gefördert werden.
Zusätzliche »hängende« Zisternen finden sich in den Obergeschossen von fünf Türmen, die leider in wenig gutem Erhaltungszustand überkommen sind, von De Tommasi aber bei den letzten Restaurierungsarbeiten untersucht wurden.[37] Ein aus steinernen Rinnen bestehendes System der Zuleitungen zu den Turmzisternen konnte dabei auf der Dachterrasse in Teilen ermittelt werden.
Es liegt nahe, von dort her die Versorgung der in den Türmen verteilten Wasch- und Toiletteneinrichtungen in direkter Leitung zu erwarten. Hierauf fehlen allerdings sichere Hinweise. Von Zuleitungen aus Blei oder aus keramischem Material, wie sie im mittelalterlichen Klosterbau zunehmend bekannt werden, fehlt heute jede Spur. Die vertikalen Toilettenschächte in der Mauerdicke könnten von der Dachterrasse her durchgespült worden sein. Im Zuge der laufenden Bauaufnahme wird auch das Konzept der Wasserversorgung und Entsorgung umfassend untersucht, so daß erst auf diesem Wege weitere Aufschlüsse zu erwarten sind.
Dasselbe gilt für die notwendige Detailaufnahme der geschickt in den Nebenräumen verborgenen Toiletten- und Waschräume. Die Verteilung, Zuordnung und Ausstattung dieser Gemächer ist noch Gegenstand der Bearbeitung. Als sicher kann gelten, daß es sich hierbei um eine für ihre Zeit im Abendland sehr fortschrittliche Konzeption handelt, auch wenn sich in anderen Kastellen des Kaisers ähnliche Einrichtungen vorbereitet finden.
Unklar bleiben auch alle Vorstellungen von dem erstaunlichen achteckigen Wasserbecken, das sich nach übereinstimmenden Aussagen älterer Autoren in der Mitte des Hofes befunden hat. Dieses soll ein riesiges, aus einem Steinblock gearbeitetes Marmorgebilde von ca. 5 m Durchmesser mit ein-

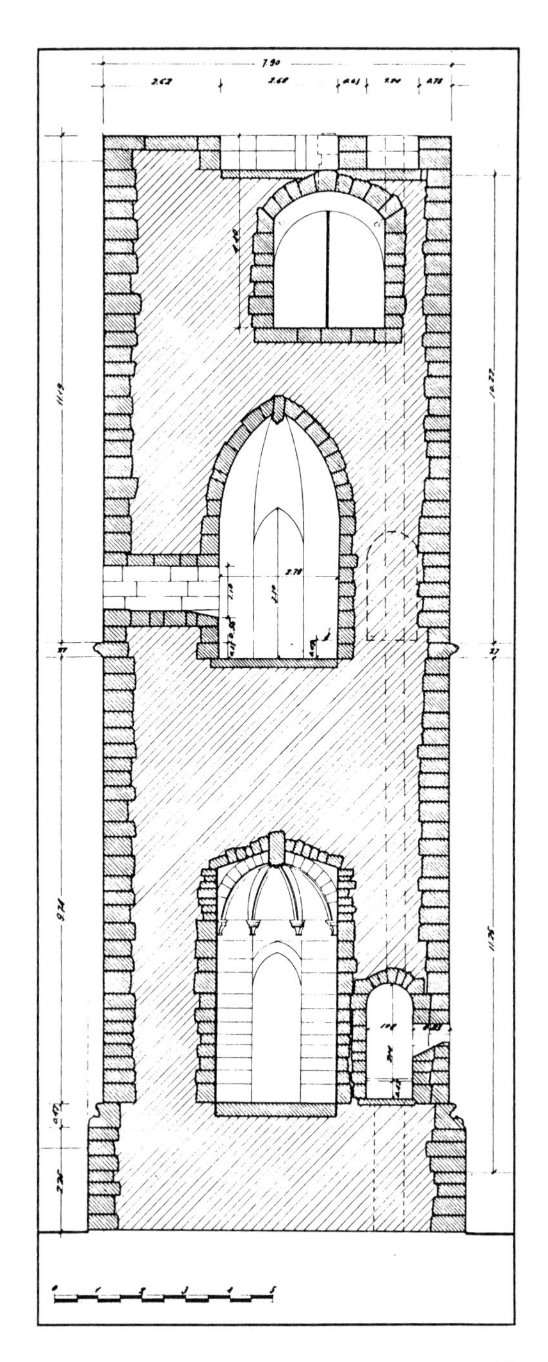

11
Castel del Monte, Schnitt durch einen Turm mit Zisterne über dem Obergeschoß.

gearbeiteter Sitzmöglichkeit (zum Bade?) gewesen sein. Springbrunnen wären an dieser Stelle unter Nutzung der Höhendifferenz zu den »Wassertürmen« immerhin denkbar. Aber auch hier ist die Prüfung der im Bau angelegten Möglichkeiten und deren etwaiger Überreste noch im Gange, und man sollte sich davor hüten, voreilig die Wunder des Morgenlandes oder einer zweiten Alhambra zu beschwören.[38]

Das Sicherheitssystem des Gebäudes bzw. einzelner Räume hängt so eng mit der noch immer ungeklärten Zweckbestimmung des Kastells zusammen, daß alle Aussagen hierzu nur unter Vorbehalt möglich erscheinen. Zwar gibt es anregende Vorschläge De Tommasis und anderer über die einstige Aufteilung und Zuordnung der Gemächer in beiden Geschossen, aber bewiesen ist dies alles nicht.[39]

So bleiben der abgewinkelte Zugang im Erdgeschoß, der nur einen Weg zum Hof ermöglicht (nicht aber in weitere Räume), sowie der nach bestimmten Gesetzmäßigkeiten geregelte Aufgang zum Obergeschoß über die an ausgewählten Punkten angeordneten Treppen, die einstige Verteilerfunktion der (angeblich eisernen) Galerie im Hof auf Höhe des Obergeschosses und schließlich – als Beispiel – die Bedeutung des von nur einem Raum her erreichbaren sogenannten Thronsaales über dem Eingang, vorläufig ungelöste Probleme. Entscheidend ist die Lage der jeweiligen Verriegelungen in den Zwischentüren der Säle, bleibt auch die Anordnung der hochgelegenen Okuli zwischen einzelnen Sälen (von denen geraunt wird, daß sie Lauschangriffen dienten) und auch der kleinen, in den Gewölben an manchen Stellen sichtbaren Öffnungen. Sicher war auch die Lüftung der Räume ein entscheidender Faktor, ohne daß dies bisher deutlich wird.

Welche Bedeutung hatte der in der Achse des Portals im Westen liegende, verhältnismäßig schwach gesicherte zweite Ein- bzw. Ausgang, der mit Sicherheit kein Personaleingang, vielmehr in erster Linie ein Fluchtweg war, wie an anderen Kastellen des Kaisers festzustellen ist.

Zur Verteidigungsfähigkeit des Gebäudes gehört auch die Frage nach dem einstigen oberen Abschluß der Türme und der Kurtinen. Schon H. W. Schulz hatte sich hierüber Gedanken gemacht und nahm eine Überhöhung der Türme gegenüber dem inneren Kern an, eine Vorstellung, die auch aus architektonischer Sicht fast zwingend erscheint. Gab es aber eine Brüstung mit Zinnen (wie Ebhardt sie zeichnete), wie sie heute noch (restauriert) in Prato zu sehen ist, gab es sichtbare Dächer (was unwahrscheinlich ist) und wie waren die Türme abgedeckt? Auch hier liegt noch ein weites Feld für ernsthafte Untersuchungen und Vergleiche, wenn man sich nicht mit Spekulationen zufriedengeben will.

Ausstattung

Nach den eher nüchternen Themen der Architektur und der Geometrie rückt ein faszinierendes Phänomen in den Blickpunkt, die heute leider nur noch in Resten erkennbare Innenausstattung. Diese Ausgestaltung muß glanzvoll gewesen sein und kaum meßbar mit den kargen Maßstäben der nordischen, im Vergleich hierzu meist spartanischen Burgenarchitektur.
Allein schon die überall verschwenderisch verwendeten Steinmaterialien verraten allerhöchste Qualitätsstufe und Bearbeitungsweisen, nicht nur der feinkörnige gelbweiße Kalkstein der Mauern und Türme, der »pentelische Marmor Apuliens«, erst recht natürlich die edlen Gesteine, die an den Türeinfassungen, den Fenstern (und Fenstertüren in der Hofwand) an Säulen und Kapitellen verwendet wurden. Die »Breccia corallina« übertrifft nahezu alle in Italien sonst verwendeten Gesteine an herrscherlicher Pracht, ebenso wie die ausgesuchten Marmore, die fast unwirklich in den verschiedensten Farben und Aderungen aufleuchten. Nur die hohe Wertschätzung bestimmter Gesteine in der Römischen Kaiserzeit, die allein den Herrschern vorbehalten waren (Porphyr, Granit, Verde antico u. a.), kann hier vorbildlich gewirkt haben. Manche Materialkombinationen weisen aber auch auf das Erbe der byzantinischen Kunst, wie es etwa an S. Marco in Venedig deutlich wird, oder erinnern an den orientalischen Charakter islamisch beeinflußter Architekturen in Sizilien.
Woher die Gesteine für Castel del Monte stammen, wurde bisher nicht nachgewiesen. M. L. Troccoli Verardi gibt an, sie seien in der Umgebung des Kastells gebrochen worden.[40] Ob dies freilich auch für die ausgefallenen Sorten gilt, muß offenbleiben. Mittelalterliche Steinbrüche sind in dieser Gegend vermutlich noch nicht genau untersucht worden; dies sollte aber dringend geschehen, solange es noch möglich ist.
Daß De Tommasi an den Fenstern des Obergeschosses letzte Reste von Mosaikfüllungen in Zwickeln und Rosetten dokumentierte, daß im Raum VIII des Erdgeschosses ein kleiner, aber deshalb besonders kostbarer Rest des einstigen Mosaikfußbodens bewahrt blieb (bezeichnenderweise mit Sechseck-, nicht mit Achteckmustern), rundet das sonst so lückenhafte Bild ab.[41] Woher die Motive im einzelnen stammen, wie die große Fläche der Fußböden wirkte, läßt sich nur noch erahnen. Für das »opus reticulatum romanum« an den Schildwänden der Gewölbe des Obergeschosses kann man immerhin an die erhaltenen Reste dieser Zierweise im römischen Amphitheater zu Lucera und in Venosa anknüpfen. Die Wandverkleidung, im Erdgeschoß aus Platten von Breccia corallina, im Obergeschoß aus Marmorplatten geplant, kann vereinzelt noch aus der Anordnung von Dübellöchern erschlossen werden. Nur minutiöse »Spurensuche« kann hier weiterhelfen.

Reste der bedeutenden Skulptur sind heute noch am Portal, in den hervorragenden Kapitellen und Schlußsteinen sowie in den berühmten Konsolen in zweien der Türme erhalten. Der Torso einer Reiterskulptur im Hofe ist nur noch mit Phantasie als solcher zu erkennen, und für das weiter oben eingesetzte, möglicherweise antike Relief gilt das gleiche.
Auch ein flacher Mauerrücksprung in der Hofwand könnte einst ein Relief oder eine Inschrifttafel aufgenommen haben. Der lorbeerbekränzte Kopf einer Statue wurde als Fundstück von Molajoli publiziert.[42]
Die historische Überlieferung spricht von weiteren Teilen der reichen Ausstattung. Der Kaiser hatte, urkundlichen Nachrichten zufolge, aus Neapel antike Statuen nach Lucera schaffen lassen, um damit seinen Palast auszuschmücken, und sicher gab es in Castel del Monte ähnliches. Bekannt sind die großen gewundenen Säulen, die nach glaubwürdigen Nachrichten beim Kastell lagen und auf Befehl König Roberts des Weisen 1317 in die Kirche S. Chiara in Neapel verbracht wurden. Als Osterleuchter standen sie beiderseits des Altars, bis sie bei den alliierten Bombenangriffen von 1943 zu Grunde gingen. Gipsabgüsse davon sollen noch im Museo die S. Martino erhalten sein.
Aber auch noch später wurden wertvolle Bestandteile der Ausstattung des Kastells verschleppt. Die begleitenden Schmucksäulchen der Fenster eigneten sich offenbar hervorragend zur Dekoration der barocken Gartenarchitekturen des Schlosses von Caserta, und man fragt sich, ob man heute in dem weitläufigen Park noch Reste davon entdecken könnte. Urkundlich ist der Befehl zu ihrem Abtransport vom Kastell überliefert. Ob auch so schwergewichtige Teile wie die angeblich aus Fiorentino stammende Altarplatte der Kathedrale von Lucera zur Ausstattung zählten, ist nicht bekannt, während das große Wasserbecken durch ältere Schriftsteller bezeugt ist. Schließlich ist von bronzenen Torflügeln des Portals die Rede, die ebenfalls nach Neapel verschleppt worden sein sollen, und auch sonst gibt es im Aufbau des Portals heute leere Flächen, die früher bildhauerischen Schmuck aufgenommen haben könnten.
Schließlich ist noch eine Besonderheit des Kastells zu erwähnen, die in hohem Maße den Charakter des Bauwerkes kennzeichnet und den Schleier über seiner Zweckbestimmung vielleicht für einen Moment zu lüften vermag: Das sind die umlaufenden steinernen Sitzbänke in den Sälen des bevorzugten Obergeschosses. Eine solche, sonst aus dem Klosterbau bekannte Anordnung ist in Burgen und deren Festsälen höchst ungewöhnlich. Nur ein weit bescheideneres Beispiel kann in Deutschland genannt werden: Im Turmbau des Trifels finden sich in der Kapelle ebenfalls an zwei Seiten derartige Bänke, die kaum aus liturgischen Gründen erklärbar sein dürften, ohne daß man hier freilich Verbindungen nach dem Süden suchen müßte.

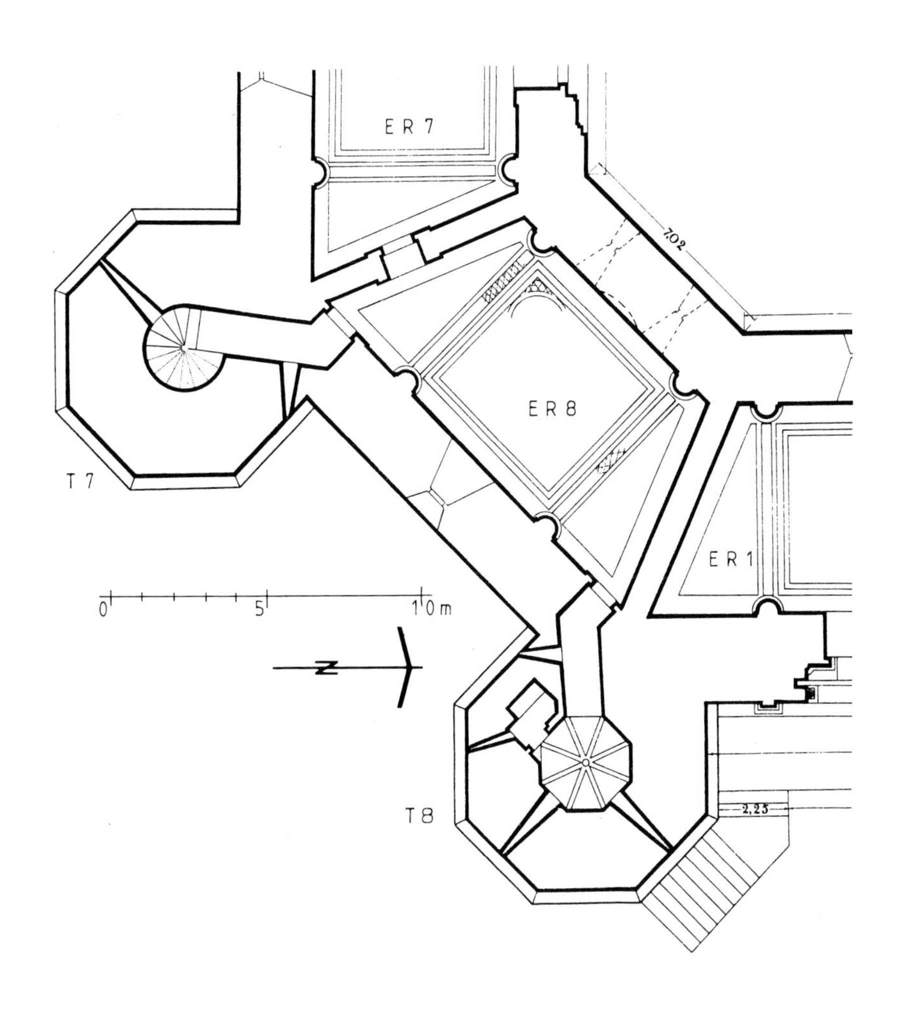

12
Castel del Monte, Saal 8 des Erdgeschosses. Reste des Mosaikfußbodens.
Oben:
Saalgrundriß.
Folgende Seiten:
Muster des Mosaikfußbodens.
A = Flächenmuster, B = Trennstreifen.

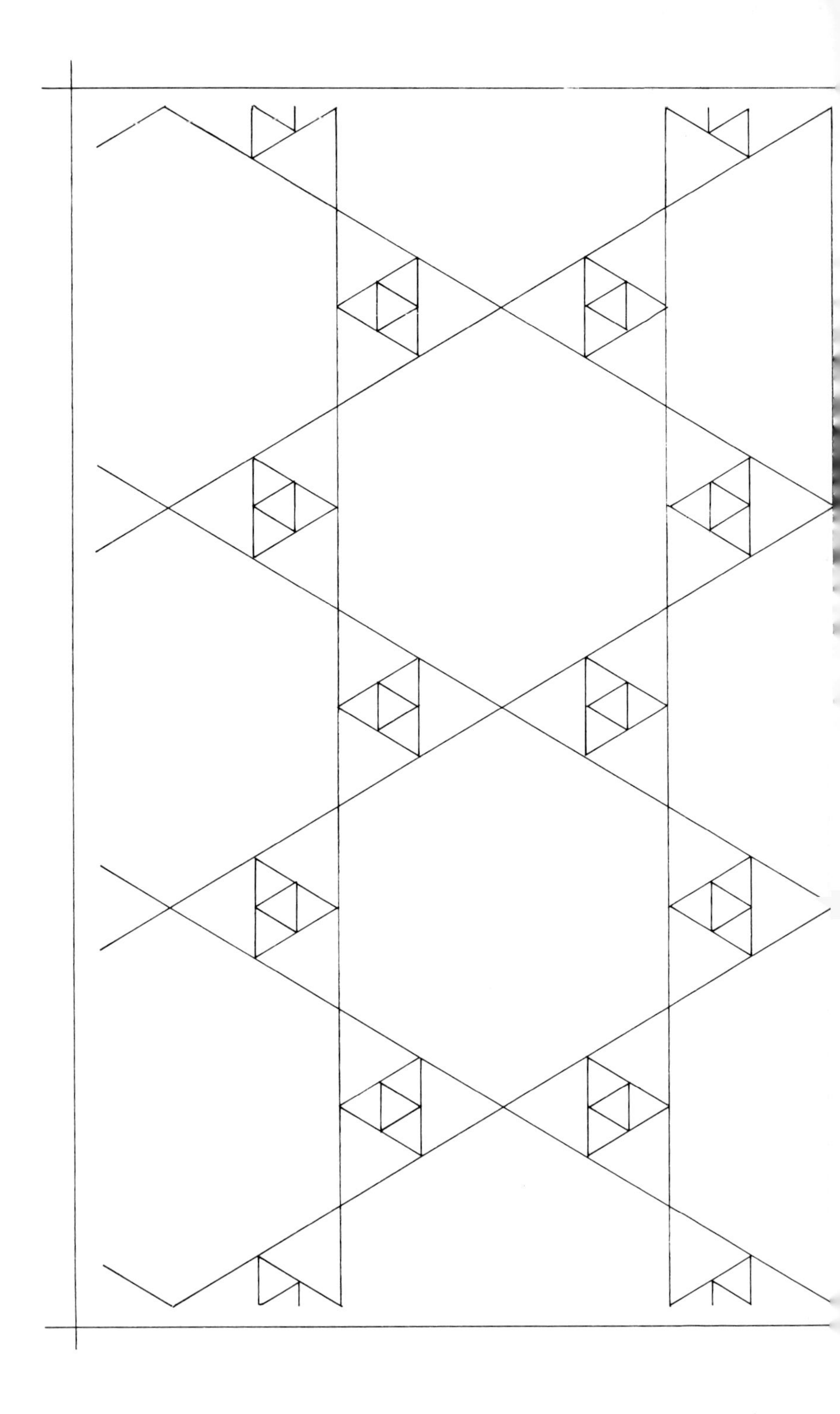

A FLÄCHENMUSTER B TRENNSTREIFEN
LD
1/93
5
10
15
~20 cm

Modelle und Restaurationen

Modelle dienen gewöhnlich zur Veranschaulichung von Architekturen, sei es in der Darstellung des geplanten oder bestehenden Zustandes, sei es in einer Rekonstruktion.

Anläßlich der Weltausstellung in Rom wurde im Jahre 1911 ein phantastisch anmutendes Modell von Castel del Monte gezeigt, das etwa die Mitte hielt zwischen einem babylonischen Herrscherpalast und einer nationalen Weihestätte späterer Epochen, ein Modell, das zweifellos an jeder nur einigermaßen gesicherten Rekonstruktion weit vorbeigeht.[43]

Eine gewaltige quadratische Ummauerung mit vorspringenden Türmen und starkem Doppelturmtor führt in den Burgbereich, auf dem sich über zwei Plattformen mit breiten Treppenaufgängen das eigentliche Kastell erhebt. Ähnlich märchenhaft erscheint der zugehörige Schnitt durch den Hof. Hier sind auf der Höhenlage des Obergeschoßfußbodens auf mehrfach gestuften Steinkonsolen die vermuteten umlaufenden Galerien dargestellt, die über einen üppig verzierten Treppenaufgang vom Hof her erreicht werden. Die Formenwelt glänzt von orientalischer Pracht, was aber umso weniger überrascht, wenn man weiß, das im Kastell Gioia del Colle bei der umfassenden Restaurierung derselben Zeit solche Ideen Wirklichkeit wurden, eine Wirklichkeit freilich, die nicht lange währte, denn bei den letzten Wiederherstellungen des Kastells wurden diese Zeugnisse wohlmeinender Übertreibung bis auf geringe Reste wieder entfernt. Das Modell von Castel del Monte soll noch in Rom existieren.

Es gab aber noch ein weiteres Modell dieser Burg, im Maßstab 1:50, »nach den von der italienischen Akademie veröffentlichten Plänen (also nach Chierici) angefertigt im Herbst 1940 in Rom ... zum Jahreswechsel in Berlin dem Deutschen Reichskanzler übergeben«. Ob dieses durchaus sachlich hergestellte Modell das Kriegsende überstanden hat, erscheint fraglich. Während aber das erstgenannte Modell spekulative Tendenzen verrät, beruhte das zweite, von dem noch eine Abbildung existiert, immerhin auf den gesicherten Aufmaßplänen.[44]

Die Geschichte von Castel del Monte in den letzten 100 Jahren ist weitgehend eine Geschichte seiner Restaurierungen. Diese hatten in jedem Falle das Ziel, das Bauwerk in seinem überkommenen Zustand zu erhalten und dabei Schäden, insbesondere der Außenhaut und des Daches, zu beheben, um es auf Dauer in seinem Bestand zu sichern.

Seitdem Castel del Monte 1876 in den Besitz des italienischen Staates kam und bald auch als »Monumento Nazionale« eingestuft wurde, sind – zum Glück für die Erhaltung des Monuments, nicht aber zur Freude der mit diesem Hauptwerk der Architektur beschäftigten Archäologen – zahlreiche Restaurierungsperioden über den Bau hinweggegangen. Man kann diese in die wichtigsten Abschnitte einteilen und dabei folgende herausstellen, die teilweise mit dem Namen der maßgebenden Architekten und Denkmalpfleger zu verbinden sind: 1879ff. (Sarlo), 1897-1902 (Bernich), 1910 (Cremona), 1928ff. (Quagliati), 1933ff. (Chierici, Ceschi), 1962-1965, 1975-1981 (De Tommasi).[45]

Sicher und wichtig für die Beurteilung bauhistorischer Fragen ist vor allem die Tatsache, daß von der heutigen Außenhaut des Kastells, an der Außen- wie auch an der Hofseite, nur noch ein geringer Prozentsatz dem Originalbestand angehört und daß auch dessen Oberfläche weitgehend zerstört oder beschädigt ist. Wertvolle Zeugnisse, wie etwa die originale Steinbearbeitung und vielleicht einst vorhandene Steinmetzzeichen, sind damit unwiederbringlich verloren gegangen. Die stark exponierte Lage des Bauwerkes, die durch die Nähe der See beeinflußte Luft und die relativ wenig beständige Struktur des Kalksteins haben überall zu starken Verwitterungen geführt, die nur durch den Ersatz des Steinmaterials in den Oberflächen aufgefangen werden konnten. Abbildungen aus den verschiedenen Stadien der Restaurierungen belegen diese Verhältnisse: Wo heute glatte Oberflächen der Wände erscheinen, zeigten sich vor Jahren noch stark zerfressene, tief zerklüftete Mauerpartien im Zustand höchster Gefährdung.

Ehe nicht die verstreut publizierten Aussagen über die verschiedenen, zum Teil tiefgreifenden Ausbesserungen und eventuell damit verbundene Dokumentationen gründlich aufgearbeitet werden, sind kaum gesicherte Aussagen möglich, die ein einigermaßen komplettes Bild dieser Arbeiten vermitteln können.

Auch im Inneren, wo stellenweise jahrhundertelang das Regenwasser einsickerte, ist viel ergänzt worden, und Ergänztes von Originalem zu unterscheiden ist angesichts der zum Teil hohen Qualität der rekonstruktiven Handwerksarbeit nicht immer leicht, manchmal kaum möglich. Völlig neu ist vor allem die Dachterrasse, sind auch die oberen Abschlüsse der Türme, so daß hier der ursprüngliche Zustand meistenteils nicht mehr zu ermitteln ist. Ein Trost bleibt, daß es heute im Inneren noch Oberflächen gibt, an denen die Meißelarbeit aus der Erbauungszeit so perfekt erhalten ist, als hätten die Bauleute eben erst ihr Handwerkszeug niedergelegt. Es bleibt auch die Aussicht, an anderen Bauten des Kaisers, insbesondere im Kastell zu Trani, ähnlich gut oder noch besser erhaltene Bauteile aus der Zeit Friedrichs II. zu finden, denn dort hat die so oft beklagte, Jahrhunderte währende Nutzung des Baues als Gefängnis vieles konserviert, was anderswo nicht mehr in diesem Zustand überkommen ist.

Schlußbetrachtung

Der Vergleich mit anderen Bauten, ein beachtlicher Teil der Wissenschaftsgeschichte von Castel del Monte, sollte hier ausgespart bleiben. Auch könnte man in den vorangegangenen Ausführungen die Begriffe »arabisch« oder »islamisch« vermißt haben. Das bedeutet nicht, daß sich in dem Gesamtkunstwerk, das Castel del Monte darstellt, nicht auch arabischer Geist, arabische Mathematik oder auch arabische Bautechnik niedergeschlagen, ja vielleicht eine bestimmende Rolle gespielt hätten. Ehe darüber fundierte Aussagen möglich werden, sollten diese Fragen jedoch der Wissenschaft vorbehalten bleiben, und so haben hier zunächst die Fachleute das Wort.[46]
Nachdem nun verschiedene Seiten des »steinernen Buches« zu Castel del Monte aufgeschlagen wurden, sei abschließend eine der wenigen zeitgenössischen Beschreibungen zitiert, die einem prunkvollen Herrschersitz jener Epoche, dem Saal der Kreuzfahrerburg der Ibelin in Beirut gilt, in dem sich – im Rang Castel del Monte vergleichbar – ein hohes Maß künstlerischer Gestaltung, überwältigender Reichtum und orientalische Pracht beispielhaft widerspiegeln. Daher sei diese Bezugnahme erlaubt. Johann von Ibelin, der diesen Palast erbaute, war der Sohn einer byzantinischen Prinzessin.[47]
Der Pilger Wilbrand von Oldenburg, Bischof von Paderborn, schreibt im Jahre 1213 über seine Eindrücke dort: »Der Fußboden ist mit Mosaik belegt; es stellt Wasser dar, das von einer leichten Brise gekräuselt wird, und wenn man darüber geht, ist man erstaunt, daß man auf dem Sand darunter keine Fußspuren hinterläßt. Die Wände des Gemachs sind mit Marmorstreifen verkleidet, die eine Täfelung von großer Schönheit bilden. Die gewölbte Decke ist so bemalt, als ob man in den Himmel blickte ... In der Mitte des Raumes befindet sich ein Brunnen aus vielfarbigem und wunderbar poliertem Marmor. In der Brunnenschale ist ein Drachen abgebildet, der mehrere Tiere zu verschlingen scheint. Ein klar hervorströmender Wasserstrahl und die Luft, die durch die offenen Fenster streicht, verleihen dem Gemach eine köstliche Frische ...« Soweit der Pilgerbericht.
Wenn wir nach dieser Schilderung in Gedanken durch die fast all' ihrer Schönheit und Pracht beraubten Säle von Castel del Monte schreiten, die freilich noch immer allein durch die Großartigkeit ihrer Architektur beeindrucken, wird uns der Verlust dessen, was diese Räume einst über so viele andere erhob, umso schmerzlicher bewußt. Andererseits bildet diese Erkenntnis eine notwendige Brücke zur unabänderlichen Realität, die auch künftig nur im strikten Bemühen um die historisch gesicherten Tatsachen bestehen und nur auf diesem Wege zu möglichen neuen Einsichten führen kann.

13 (S. 49)
Castel del Monte. Saal 7 des Obergeschosses mit Sitzbänken und Rest des Kamins.

14 (S. 50)
Castel del Monte. Außenansicht vor den letzten Restaurationen, 1954.

15 (S. 51)
Castel del Monte. Saal 2 des Obergeschosses, Hofwand mit Kamin und Öffnungen eines Wandschachtes.

Anmerkungen

1 M. L. Troccoli Verardi, Un libro di pietra, in: Castel del Monte, a cura di G. Saponaro, Bari 1981, S. 63-72.

2 J.-L.-A. Huillard-Bréholles, Historia diplomatica Friderici Secundi sive Constitutiones ..., Tom. V, P. II, Paris 1859, S. 696-697; E. Sthamer, Dokumente zur Geschichte der Kastellbauten Kaiser Friedrichs II. und Karls I. von Anjou, II, Apulien und Basilicata. Die Bauten der Hohenstaufen in Unteritalien, Erg. Bd. III, Leipzig 1926, S. 62, Dok. 734.

3 A. Cadei, Fossanova e Castel del Monte, in: Federico II e l'arte del Duecento italiano, Atti della III settimana di studi di storia medievale dell'Università di Roma (15-20 maggio 1978), Galatina 1980, Bd. 1, S. 204.

4 H. Götze, Castel del Monte, Gestalt und Symbol der Architektur Friedrichs II., München 1984, S. 93, Anm. 110, ebenso noch in der 3. Auflage 1991, S. 151-152 m. Anm. 223; G. Goebel, Die wohlbemessene Ordnung von Castel del Monte, architectura 17, 1987, S. 130.

5 D. Leistikow, Zum Mandat Kaiser Friedrichs II. von 1240 für Castel del Monte, Bericht über die 36. Tagung der Koldewey-Gesellschaft für Ausgrabungswissenschaft und Bauforschung (Kronach, 23.-27. Mai 1990), 1992, S. 234-238; korr. Fassung: architectura, 22, 1992, 1, S. 17-21.

6 Huillard-Bréholles (Anm. 2), S. 697, dort: »domos«.

7 E. Sthamer, Die Verwaltung der Kastelle im Königreich Sizilien unter Kaiser Friedrich II. und Karl I. von Anjou. Die Bauten der Hohenstaufen in Unteritalien, Erg. Bd. I, Leipzig 1914, Anhang I: Das staufische Statut, S. 105, Nr. 99; desgl. S. 63 und Anhang II, S. 135.

8 Sthamer (Anm. 2), S. 63, Dok. 740.

9 D. Leistikow, Rezension von H. Götze, Castel del Monte (Anm. 4), in: Burgen und Schlösser 27, 1986, S. 119-127, Abb. 1.

10 A. Haseloff, Die Bauten der Hohenstaufen in Unteritalien, Bd. 1 (Textbd.), Leipzig 1920, S. 49-55 (ital.: Architettura Sveva nell' Italia meridionale, trad. L. Bibbò, present. C. A. Willemsen, prefaz. e a cura di M. S. Calò Mariani, Bari 1992, S. 49-55).

11 R. Legler, Apulien, 7000 Jahre Geschichte und Kunst im Land der Kathedralen, Kastelle und Trulli, Köln 1987, S. 232.

12 R. Napolitano, Castel del Monte, Andria 1921, ^{2}1926, Kap. I-IV, S. 17-63; ders., Castel del Monte – Villa romana, congettura dell'Avv. Vito Sgarra, Andria 1917; V. Sgarra, Castel del Monte, villa romana, Nuove considerazioni, Roma 1918; ders., La città di Netium e Castel del Monte, Roma 1917, ^{2}1930; P. Manzi, Castel del Monte, opera architettonica militare, Bollettino dell'Istituto storico e di cultura dell'Arma del Genio 31, 1965, S. 395-419, 557-575.

13 Die letzte Zusammenfassung dieser Thematik bei P. Petrarolo, Andria dalle origini ai tempi nostri (sec. XII a. C. - 1988), Andria 1990, S. 181-192; vgl. auch Napolitano (Anm. 12), S. 86-89.

14 Sthamer (Anm. 7), S. 92-93.

15 A. Tavolaro, Una stella sulla Murgia, in: Castel del Monte (Anm. 1), S. 73-98 sowie passim.

16 Götze (Anm. 4), sowie ital.: Castel del Monte, Forma e simbologia dell'architettura di Federico II, Milano 1988; Sitzungsberichte der Heidelberger Akademie der Wissenschaften, Phil.-hist. Klasse, Jg. 1984, Bericht 2 und Jg. 1991, Bericht 4.

17 A. von Gerkan, Rezension von H. Pleßner, Sterngeborenes Olympia, die Entstehung des sakralen Maßes, Düsseldorf 1956, in: Gymnasium 64, 1957, S. 362 (Zitat nach K. Hecht).

18 A. Milella-Chartroux, Il volto nascosto di Castel del Monte e la sua simbologia, Bari (1973), S. 41 ff., u. a. S. 55, Fig. 15 und S. 56, Fig. 16; ders., La raffigurazione simbolica di Castel del Monte, in: Atti delle seconde giornate federiciane (Oria 16-17 ott. 1971), Società di storia patria per la Puglia, Convegni 4, Bari 1974, S. 191-209; A. Thiery, Semantica sociale: messagio e simboli, in: Potere, società e popolo nell'età sveva (1210-1266), Atti delle seste giornate normanno-sveve (Bari-Castel del Monte-Melfi, 17-20 ott. 1983), Bari 1985, S. 191-247, hier S. 202, 211-213, 221-222 m. Abb. 6.

19 H. Götze, Antwort auf Besprechung meines Castel del Monte-Buches, Burgen und Schlösser 31, 1990, S. 51-54, hier S. 54; D. Leistikow, Stellungnahme zur Entgegnung von H. Götze zur Rezension von »Castel del Monte, Gestalt und Symbol der Architektur Friedrichs II.«, ebd. S. 54-55.

20 Götze (Anm. 4), 1984 sowie [3]1991, konstruiert sein Grundrißbild in 7 Stufen (A-G), mit dem Ziel, darin den »Achtstern« als grundlegend nachzuweisen, S. 92-98 m. Abb. 154-163 bzw. S. 152-155 m. Abb. 224-230.

21 Götze (Anm. 4, 1991), S. 127-133, meint, das »symbolträchtige« (Achtstern-) Motiv sei über Byzanz und Syrien in den islamischen und in den westlichen Bereich gelangt.

22 Diese einfache Konstruktion eines regelmäßigen Achtecks (dargestellt u. a. um 1498 von Matthäus Roriczer, Geometria Deutsch, Aufgabe 4) wird schon in Agrimensorenhandschriften des 10. Jh. beschrieben, dürfte daher im Mittelalter bekannt gewesen sein; H. Gericke, Mathematik im Abendland, von den römischen Feldmessern bis zu Descartes, Berlin, Heidelberg, New York 1990, S. 185, Abb. 3.18.

23 A. Tavolaro, Die Sonne als Architekt im Castel del Monte, Arx 6, 1984, S. 8-10; ders. (Anm. 15).

24 M. L. Troccoli Verardi, Castel del Monte, in: R. De Vita, Castelli, torri ed opere fortificate di Puglia, Bari 1974, ([2]1982), S. 100-103, hier S. 103.

25 R. Morozzo della Rocca, L'harmonie architectonique dans le dessin des châteaux, Institut International des Châteaux Historiques, Bulletin Nr. 32, 1973, S. 37-53, hier S. 43-48; Legler (Anm. 11), S. 235.

26 Götze (Anm. 4), 1984: S. 94, [3]1991: S. 162-165.

27 Huillard-Bréholles (Anm. 2), Tom. V, P. I., S. 527-528; Mandat vom 24. November 1239 aus Cremona für den Bau des Kastells von Catania: ... »fundamenta, et murari de lapidibus ipsis super terram ad mensuram unius canne ...« sowie ... »fundamentis ipsius castri et elevato muro in circuito ad mensuram unius canne ...«.

28 Es sei erwähnt, daß die Seitenlänge des Grundquadrats für das Hofachteck, legt man das das von W. Schirmer bereits bekanntgegebene mittlere Maß hierfür von 17,87 m (außer O-W-Richtung) zugrunde, fast genau 8 1/2 neapolitanischen Cannen entspricht.

29 Troccoli Verardi (Anm. 24), S. 103; vgl. auch De Vita (Anm. 24), S. 24-26.

30 H. W. Schulz, Denkmaeler der Kunst des Mittelalters in Unteritalien, nach dem Tode des Verfassers hrsg. v. Ferdinand von Quast, Bd. I-IV und Tafelbd., Dresden 1860, Einleitung des Verfassers (1847).

31 J.-L.-A. Huillard-Bréholles, Recherches sur les monuments et l'histoire des Normands et de la maison de Souabe dans l'Italie méridionale, Publiées par les soins de M. le Duc de Luynes, Dessins par Victor Baltard, Paris 1844.

32 B. Ebhardt, Die Burgen Italiens, 6 Bde., Berlin 1909-1927, Bd. V, S. 161-164 m. Abb. 642-645 und Taf. 201-202; E. Bertaux, L'art dans l'Italie méridionale de la fin de l'Empire Romain à la conquête de Charles d'Anjou, Paris 1903 (Repr. Paris-Rome 1968); Ecole Francaise de Rome, Università di Bari (Hrsg.), L'art dans l'Italie méridionale, Aggiornamento dell'opera di Emile Bertaux sotto la direzione di Adriano Prandi, 3 Bde., Roma 1978 f.; darin: W. Krönig, Castel del Monte-Frédéric II et l'architecture Francaise, V, 929-951 (= aggiornamento delle pp. 719-752). Zu Bertaux wissenschaftlichen Vorhaben siehe Bertaux (1903), S. 738, Anm. 1, und S. 740, Anm. 1.

33 Haseloff (Anm. 10), S. VIII-XV, bes. S. X; C. A. Willemsen, Die Bauten der Hohenstaufen in Süditalien, neue Grabungs- und Forschungsergebnisse, Köln und Opladen 1968, S. 10-11.

34 G. Chierici, I Monumenti Italiani, Rilievi raccolti a cura della Reale Accademia d'Italia, Fasciolo I^{0}, Castel del Monte (secolo XIII), Roma 1934, 4 S. Text, XXII Taf.

35 C. A. Willemsen, Castel del Monte, die Krone Apuliens, Wiesbaden (Insel Bücherei Nr. 619) 1955; ^{2}1982, das vollendetste Baudenkmal Kaiser Friedrichs des Zweiten, (ital.: Castel del Monte, Il monumento piu perfetto dell'imperatore Federico II, con una nota di G. B. De Tommasi, trad. di L. Bibbò, Bari 1984); W. Krönig, Castel del Monte, der Bau Kaiser Friedrichs II., Kunstchronik 9, 1956, S. 285-287.

36 Napolitano (Anm. 12); B. Molajoli, Guida di Castel del Monte, Fabriano 1934, Napoli ^{3}1958; G. Musca, Il reale e l'immaginario, in: Castel del Monte (Anm. 1), S. 23-62; G. B. De Tommasi, I restauri tra leggende e realtà, in Castel del Monte (Anm. 1), S. 99-145; M. S. Calò Mariani, Prefazione zu: Archeologia, storia e storia dell'arte medievale in Capitanata, in: Haseloff, Architettura sveva ... (Anm. 10), S. I-CXIV, mit Literatur.

37 De Tommasi (Anm. 36) passim; Chierici (Anm. 34) Tav. VIII und XXII.

38 Zum monolithischen Wasserbecken im Hof: E. Merra, Castel del Monte presso Andria, Trani 1889, ^{2}1895; Molfetta ^{3}1964, S. 32-33; Napolitano (Anm. 12), S. 107-110; Tavolaro (Anm. 15), S. 79-81, bestimmte den Durchmesser des Beckens auf spekulativem Wege mit 5,17 m, s. a. S. 86, Abb. 9.

39 De Tommasi (Anm. 36), S. 140, Fig. 58.

40 Troccoli Verardi (Anm. 24), S. 102. Hier wird freilich nur die Breccia corallina genannt, während über die kostbaren Marmorsorten Angaben fehlen. Diese können durchaus über weitere Entfernungen herangeschafft worden sein.

41 De Tommasi (Anm. 36), S. 134-135, Fig. 51-53 und Abb. S. 178. – Das Flächenmuster dieses Paviments tritt u. a. bereits an einer Frontplatte der Schola Cantorum von Alt St. Peter in Rom auf (signiert von Magister Paulus 1117), P. C. Claussen, Renovatio Romae, Erneuerungsphasen römischer Architektur im 11. und 12. Jahrhundert, in: Rom im hohen Mittelalter (Festschrift Reinhard Elze), Sigmaringen 1992, S. 98 f. mit Abb. 12. Ob sich damit der von Götze behauptete »islamische Einfluß« vereinbaren läßt, erscheint fraglich, Götze (Anm. 4) ^{3}1992, S. 96 mit Abb. 146 und 147.
Der Verfasser dankt Herrn Dr. U. Albrecht (Kiel) für die Einsichtmöglichkeit in eine Bauaufnahme von ca. 1910, nach der die hier wiedergegebenen Schemazeichnungen des Mosaikfußbodens angefertigt wurden.

42 Molajoli (Anm. 36), ^{3}1958, Abb. S. 13.

43 De Tommasi (Anm. 36), S. 108-109 mit Fig. 5 und 6.

44 K. Ipser, Der Staufer Friedrich II., heimlicher Kaiser der Deutschen, Berg 1977, ^{2}1978, S. 230-231 mit Abb. Ein weiteres Modell befindet sich in der Sammlung des Internationalen Burgeninstituts IBI, bislang im Kasteel Rosendael / NL.

45 De Tommasi (Anm. 36) mit den bisher ausführlichsten Angaben. Der Autor hat eine Gesamtdarstellung mit umfassender Dokumentation angekündigt, a.a.O. S. 105. Weitere Angaben u.a. bei: F. Sarlo, Il Castello del Monte, monumento medioevale nella Puglia, e le reparazioni ora fatte per l'ordine dal Ministero di P. Istruzione, Arte e Storia 4, 1885, n. 13, 14, 15; 3. ed. Molfetta 1964; ders., Restauri a Castel del Monte ed al Mausoleo di Boemondo, monumenti medioevali nella Provincia di Bari, Arte e Storia 8, 1889, S. 203-04; C. Ceschi, Gli ultimi restauri a Castel del Monte, Japigia 9, 1938, S. 3-22; zuletzt G. De Tommasi, Geschichte der Restaurierungen, in: S. Mola, A. Tavolaro, G. De Tommasi, Castel del Monte, Bari ^{2}1992, S. 94-99.

46 Dr.-Ing. Dorothée Sack gab hierzu einen ersten einführenden Bericht anläßlich der 37. Tagung der Koldewey-Gesellschaft am 29. 5. 1992 in Duderstadt.

47 J.C.M. Laurent, Peregrinatores Medii Aevi Quatuor ... Wilbrandus de Oldenborg, Editio secunda, Lipsiae 1873, S. 166-167. Übersetzung (noch ungeprüft) nach R. Fedden, J. Thomsen, Kreuzfahrerburgen im Heiligen Land, Wiesbaden 1959, S. 66.

Horst Schäfer-Schuchardt

Ausblicke aus dem Apsisfenster der Kathedrale zu Bari

Die Ostseite (Abb. 16) der Kathedrale zu Bari wird von einem hochaufragenden Querhaus mit geradem Chorabschluß gebildet, der die drei Apsiden – eine breite Hauptapsis und zwei schmalere Nebenapsiden – verbirgt. Zwei andere Bauten in Apulien zeigen sich im gleichen Gewande: die Kathedrale zu Bitonto und die Basilica di San Nicola in Bari (Abb. 17), beide in den 80er Jahren des 11. Jahrhunderts begonnen. Doch nur San Nicola war nach kurzer Bauzeit um 1120 als einziger Bau vollendet. Zu diesem Zeitpunkt stand die Kathedrale zu Bari schon beinahe ein ganzes Jahrhundert, doch kaum mit geradem Chorabschluß, sondern nur mit drei außen sichtbaren Apsiden. Ein viertes Bauwerk in Apulien, das sehr gut zu dem Trio paßt, stellt sich in der Kathedrale zu Trani (Abb. 18) vor. Ebenfalls Ende des 11. Jahrhunderts begonnen, aber nach San Nicola und viel später vollendet, versuchte sie doch im Aussehen gleichzuziehen und übernahm das die Nord- und Südseite stützende Arkadensystem, das bei San Nicola kreiert worden war. Sogar die gerade Chorummantelung war geplant, wie man an dem groben Mauerwerk im unteren Bereich der Außenmauer sieht, das weiter oben in ein gut bearbeitetes übergeht, sowie an den Zugangstüren zu den mutmaßlichen Glockentürmen. Doch die gerade Chorummantelung unterblieb in Trani, aber nicht in Bari. Im erzbischöflichen Ordinariat wollte und mußte man wegen der mächtigen Konkurrenz San Nicola handeln und zumindest optisch gleichziehen.

Wie dies geschah und in welchem Zeitraum, darüber kann ein Blick aus dem Apsisfenster der Kathedrale zu Bari, das um 1200 datiert wird, in den Werdegang des Baues und auf das Fenster selber reichlich Auskunft geben.

Das Apsisfenster (Abb. 19) der Kathedrale zu Bari besteht aus einem inneren und einem äußeren Rahmen. Der innere zeigt eine seitlich gerade und eine nach außen abgeschrägte Seite. Der äußere Rahmen besitzt nur eine flache

16
Bari. Basilica di S. Nicola, Apsisseite.

17
Bari. Kathedrale, Apsisseite.

18 (S. 60)
Trani. Kathedrale, Apsisseite.

19 (S. 61)
Bari. Kathedrale, Apsisfenster.

Schauseite. Flankiert wird das Fenster von Säulen und Kapitelle tragenden Elephanten. Über den Kapitellen je eine männliche und eine weibliche Sphinx, die den Giebel stützen. Über dem Scheitel ein unvollständig erhaltener geflügelter Löwe mit einem menschlichen Kopf zwischen den Pranken. Unterhalb der abgeschrägten Fensterbank ein Relief. Seitlich davon doppelte Sockel zur Stütze der Elephanten. Ein schmaler Blattfries schließt die Anlage nach unten ab. Beide Rahmen sowie die Bank des Fensters zeigen durchlaufende Blatt- und Wellenranken. In ihnen tummeln sich Menschen, Raubtiere, Elephanten, Ziegen, Vögel, Eber und Fabelwesen.
Auf den ersten Blick wirkt das Fenster homogen, einheitlich und harmonisch. Dies ändert sich jedoch entscheidend, wenn man das Fenster aus nächster Nähe betrachtet. Scheinbar zusammenhängende Abläufe werden unterbrochen, enden plötzlich oder setzen sich auf andere Art fort. Da das Fenster durch die Luftverschmutzung z. T. völlig zugeschwärzt ist, habe ich auf einer Zeichnung (Abb. 20) die Einteilung der Skulpturen dargelegt. Danach ergeben sich vier Gruppen: Sockelbank, innerer Rahmen, drei Felder im linken und eines im rechten Bogenteil bilden die Gruppe A (weiß).
Sockel, Fensterbankrelief, äußerer Rahmen, ein Feld im linken und zwei im rechten Bogenteil sowie beide Kapitelle bilden die Gruppe B (hellgrau).
Vier Felder in der äußeren Archivolte und zwei in der inneren bilden die Gruppe C (dunkelgrau).
Beide Elephanten, beide Sphingen, der geflügelte Löwe und wohl auch Säulen und Giebel bilden die Gruppe D.
A (weiß): Die sehr flach ausgeführten Skulpturen im Fenstersockel (Abb. 21) und im rechten Rahmen können ein und derselben Hand zugeordnet werden. Gemeinsamkeiten wie ungeschmückte dreisträhnige Ranke, breites Blatt mit einer eingerollten Blattspitze oder Federkleid der Vögel geben Anlaß zu dieser Vermutung. Figuren und Ranken des linken Gewändes zeigen sich weniger detailfreudig und wirken stilisiert. Sie sind trotz nicht zu übersehender Übereinstimmung entweder überarbeitet, denn sie geben sich weniger verwittert, oder sie stellen eine Kopie aus späterer Zeit dar. Von den sechs Feldern im inneren Bogen gehören vier der Gruppe A an: drei links und eines rechts. Zwischen dem ersten und zweiten Bogenfeld ist die Ornamentik unterbrochen, vom zweiten zum dritten läuft sie weiter. Das rechte Bogenfeld steht völlig isoliert. Alle Felder der Gruppe A ähneln sich, aber sie unterscheiden sich im Detail. Deshalb kann die Gruppe A in drei Untergruppen aufgeteilt werden: in A1 (Bogenfelder), A2 (Sockel und rechter Rahmen) sowie A3 (linker Rahmen).

20 Bari. Kathedrale, Apsisfenster mit Einteilung in Baugruppen.

D
C
C
C
C
A1
C
A1
B, e
C
B, e
D
A1
A1
B, e
D
B, b
A3
A2, a
B, e
B, e
A3
A2, a
D
A2
A2, b
A2
B, f
B, f

Stilistisch paßt die Gruppe A in die Zeit um 1100 in Apulien. Ein Vergleich des Löwen der Fensterbank beispielsweise mit dem Löwen von dem vermauerten Portal der Südseite der Kathedrale zu Trani oder zwischen den Sonnenblumen in Unteransicht – so Innenseite rechter Rahmen mit verschiedenen Portalen von San Nicola in Bari und dem von San Sepolcro in Brindisi – kann dies leicht bestätigen.
C (dunkelgrau): Zwei Felder im inneren Bogen gehören einer dritten Gruppe C an. Die Ornamentik (Abb. 22) ist hier völlig anders. Die Ranken wirken schwungvoller und zusammen mit den Tieren und den nackten Figuren barockhaft voluminös. Vier Felder derselben Gruppe C befinden sich im äußeren Bogen. Sie enthalten dieselben barockartig schwungvollen Ranken, die allerdings nun nicht mehr anorganisch dreisträhnig gestaltet sind, sondern überwiegend aus Blättern gebildet werden. Nur ein Vogel und der Vorderteil eines Ziegenbockes oder Einhorns sind zu sehen. Der Bock ist eine Ergänzung des noch zur Gruppe B gehörenden Hinterleibes, auch wird die Ranke mit dem Perlenband noch einige Zentimeter fortgesetzt. Auf der linken Seite im Bogen bemühte man sich ebenfalls um einen Anschluß an die Ranken von Gruppe B. Dieses Bemühen um Anschluß an die Felder der Gruppe A im inneren Bogen ist hingegen nicht vorhanden.
Stilistisch paßt die Gruppe C nicht in das romanische Apulien. Nicht ein Vergleichsbeispiel läßt sich hier zitieren. Gruppe C gehört einer späteren Phase an, die noch zu definieren sein wird.
B (hellgrau): Die Gruppe B nimmt den größten Raum des Fensters ein. Im äußeren Rahmen setzt sich die Ornamentik kontinuierlich in allen Feldern fort. Ansonsten bestehen Übereinstimmungen in allen Details innerhalb der Gruppe B. Ihre Figuren sind vom bildhauerischen Standpunkt mit einem erheblich größeren Aufwand in Detail und Einfühlungsvermögen für anatomisch gerechte Gestaltung ausgeführt worden als die Figuren in Gruppe A. So ist man durchaus bereit, Körperdrehungen und Bewegungsabläufe sowie den Willen, Muskeln und Sehnen anzudeuten, zu akzeptieren. Auch sind die Figuren teilweise vollplastisch gearbeitet, so fast alle Extremitäten, die man mit den Händen voll umgreifen kann. Deshalb und wegen der feinen Ausarbeitung nehmen sie nicht nur im Bereich des Apsisfensters, der Kathedrale von Bari oder im Raum Bari selber, sondern im ganzen Apulien eine Sonderstellung ein. Von den beiden Kapitellen kann man das rechte schon aus stilistischen Gründen und das linke wegen typischer Merkmale für denselben Entstehungszeitraum, dem die Gruppe B zuzurechnen ist, der Gruppe B zuordnen.
D: Eine vierte Gruppe D betrifft die Elephanten, Sphingen, geflügelter Löwe und Giebel. Bis noch vor kurzem zählte ich die beiden Elephanten

(Abb. 24), die Sphingen (Abb. 25 + 26) und den geflügelten Löwen (Abb. 27) zur Gruppe B und war überzeugt, hier die Paradebeispiele schlechthin aus staufischer Zeit in Apulien gefunden zu haben. Denn einige Details waren mir im mittelalterlichen bzw. romanischen Apulien durchaus bekannt und geläufig. So sind Elephanten, Sphingen und Löwen traditionsbedingt gängige Schmuckelemente an apulischen Fassaden und Apsiden. Und auch die Behandlung von Einzelheiten wie z. B. von Haaren, also Frisuren, oder die Gestaltung von Ohren – so wie sie aus der Ferne unten von der Straße zu erkennen waren – konnte man als durchaus typisch für die Zeit um 1200 in Apulien ansehen. Auch war man anfällig genug gegenüber der Versuchung, vielleicht gerade in den Köpfen der Sphingen Angehörige des staufischen Kaiserhauses, wenn nicht sogar das Kaiserpaar selber zu erblicken, wenngleich die Darstellung als Ungeheuer und damit als Verkörperung des Bösen wenig schmeichelhaft erschien. Vage Zweifel schob man beiseite und tröstete sich damit, daß Fernrohr und Teleobjektiv eben nicht mehr hergeben können.

Im Frühjahr 1988 ergab sich die Gelegenheit zusammen mit dem Kollegen Rolf Legler auf dem »ewigen« Baugerüst, welches das Apsisfenster schon seit langem verhüllt, zum Fenster hinaufzusteigen (seit Sommer 1992 ohne Gerüst). Dort war dann Erstaunliches zu entdecken, worüber Rolf Legler freundlicherweise in der Kunstchronik April 1989, Heft 4, berichtete. Resultat: Die besagten Skulpturen können nicht zeitgleich mit den Skulpturen der Gruppe B entstanden sein. Denn eine Eier ausbrütende Sphinx (links) mit Gratbildungen an beiden Rückenschwänzen sowie Schlangenköpfe mit weitaufgerissenen Mäulern und schließlich die wellenartige Gestaltung der Halsunterseite bei der Sphinx lassen eher vage an Skulpturen des Lecceser Barocks – so z. B. an der Fassade von San Croce aus dem Anfang des 17. Jahrhunderts erinnern, denn an das figürliche Geschehen im staufischen Mittelalter Apuliens. Dasselbe gilt für die Sphinx zur Rechten, für die Elephanten hinsichtlich ihrer Augen, Ohren und Decken sowie für den geflügelten Löwen wegen des merkwürdigen Kopfes mit Stirnadern und Frisur in seinen Pranken und der Ausführung des Blattgekröses unterhalb der Flügel.

Argumente genug, um diese Skulpturen aus dem staufischen Apulien zu verbannen. Die Antwort auf die Frage, wo sie jetzt unterzubringen seien, muß ich Ihnen allerdings vorläufig schuldig bleiben. Wir hätten damit vier Gruppen an dem Fenster zu berücksichtigen und somit auch drei oder vier verschiedene Zeiträume, die dem Apsisfenster zu seinem heutigen Aussehen verholfen haben.

Wie kam es dazu? Mit Urkunde vom 21.11.1177[1], einer Bulle Papst Alexanders III. an einige Bareser Bürger, wird ein Vertrag zwischen EB Raynaldus (ab 1171 im Amt) und diesen Bürgern über den Tausch verschiedener Häuser

21 Bari. Kathedrale, Fenstersockel am Apsisfenster.

22
Bari. Kathedrale, Innenbogen des Apsisfensters (vgl. Abb. 20: C, rechts).

23
Bari. Kathedrale, Apsisfenster.

an der Ost- und Südseite der Kathedrale ratifiziert. Diese Häuser standen der Fortführung der begonnenen Bauarbeiten an der Kathedrale sowie der Errichtung des südlichen Campanile im Wege. Bei diesen Bauarbeiten handelte es sich mit hoher Wahrscheinlichkeit um eine gerade Ummantelung der bis dahin halbrunden Außenmauern der drei Apsiden. Denn eine Ummantelung ist die conditio sine qua non für die Errichtung eines Campanile. Dafür spricht außerdem das hervorragend auf Sicht gearbeitete Mauerwerk der Apsiden, das sich von unten bis nach oben durchzieht – vergleichbar mit den Apsiden der Kathedrale zu Trani. Ebenfalls dafür spricht die Ummantelung, die in allen Berührungspunkten mit den Apsiden deutlich durch Fugen getrennt ist. Die Apsiden in San Nicola in Bari und in der Kathedrale zu Bitonto weisen ein grob ausgeführtes Mauerwerk auf, das nathlos mit der geraden Ummantelungsmauer verschmilzt. Auch in Trani zeigt sich das Mauerwerk der Apsiden im unteren Bereich grob. Erst ab einer bestimmten Höhe erscheint es sorgfältig bearbeitet. Hier war als ursprüngliche Idee eine gerade Chorummantelung vorgesehen. In Bari jedoch kann man mit Sicherheit davon ausgehen, daß die Kathedrale ursprünglich nur mit Apsiden abschloß.

Vielleicht gehören die Apsiden bereits dem Ursprungsbau von 1034 an, der 1062 als vollendete Basilika geweiht wurde, oder aber einer weiteren Bautätigkeit unter EB Urso, die nach elf Jahren 1089 zu Ende ging. Im Frühjahr 1151 wird die Kathedrale z. T. als baufällig bezeichnet[2] und am 28. Mai 1156 wird die Kathedrale zusammen mit der Stadt Bari durch König Wilhelm von Sizilien (Guglielmo il Male) zerstört. Am 9. Februar 1156 oder 1171 - je nach Auslegung der in einer Marmortafel in der Krypta der Kathedrale überlieferten IV. Indiktion - wird die von EB Joannes in einem hervorragenden Zustand wieder aufgebaute Kathedrale (Cathedralem Ecclesiam deformatam in splenditiorem formam restituit) geweiht.

Wie erwähnt kam es Ende 1177 zu der Erweiterung auf der Ostseite und der durch eine Ummantelung technisch und statisch ermöglichten Voraussetzung für den Bau des Campanile. 1187 waren noch immer Bauarbeiten im Gange, denn in einer Urkunde vom 8. Juli 1228 wird ein Testament aus dem Jahre 1187 erwähnt,[3] wonach der Erblasser 30 Goldmünzen für den Bau eines Ziboriums in der Kathedrale bestimmt, sobald diese errichtet worden sei. Schwer zu deuten ist eine Bemerkung bei Ughelli,[4] wonach am 5. November 1195 Kaiserin Konstanze die Kathedrale »Barensem Ecclesiam« besucht haben soll. Zwar sind aus demselben Jahr Bestätigungen von Privilegien durch Konstanze an EB Dauferius belegt, aber der Anlaß des hohen Besuches bleibt uns verborgen, Fertigstellung der Kathedrale oder nur kaiserliche Neugierde über den Fortgang der Bauarbeiten. In einem Dokument vom 5. August 1205[5] werden Anordnungen getroffen hinsichtlich der Aufstellung des Chorgestühls. Danach darf

24 ←
Bari. Kathedrale, rechter Elephant am Apsisfenster.

25
Bari. Kathedrale, rechte Sphinx am Apsisfenster.

26
Bari. Kathedrale, linke Sphinx am Apsisfenster.

27
Bari. Kathedrale, geflügelter Löwe am Apsisfenster.

man vermuten, daß die Bautätigkeiten seit 1178 im Ostteil der Kathedrale bis 1205 abgeschlossen waren. Zwar wird noch in testamentarischen Verfügungen aus dem Jahre 1212 und 1219[6] von der »Fabrice matris ecclesie« gesprochen, aber gleichzeitig wird in einer Schenkungsurkunde vom Dezember 1212/13[7] seitens Kaiser Friedrich II. die Kathedrale als »Barensi ecclesie« bezeichnet. Am 2. Februar 1233 wird der Hauptaltar von EB Berardus aus Palermo geweiht. Am Palmsonntag 1267 stürzt der südliche Campanile ein. Sofortiger Wiederaufbaubeginn unter EB Johannes. Zwischen 1310 und 1315 erfolgt die Fertigstellung unter EB Romualdus. In einem Dokument vom 12. April 1590[8] wird eine Rißbildung im Campanile erwähnt und am 3. Januar 1597 (Archivio capitolare Bari) ein Gutachten über den Zustand des Campanile von Domenico Fontana erstellt (1543-1607, ab 1592 in Neapel tätig). Am 29. November 1613 erneuter Einsturz. Schwere Schäden an einigen Häusern und an der Kathedrale. Zahlreiche Altäre, Bögen und Säulen sowie die Mauer des südlichen Querhauses und vier Fenster wurden zerstört. Noch im Dezember 1613 werden die vier Fenster des südlichen Querhauses vermauert, nur die Fensterrose bleibt frei (Archivio Capitolare Bari, MS 11). Schon im Januar 1614 (Archivio Capitolare Bari, MS 5 vom 5.1.1614) sind Restaurierungen am Campanile im Gange. Aus dem Jahre 1616 ist ein Wiederaufbaubeschluß für den südlichen Campanile überliefert.[9] Für die Zeit nach 1617 wurde von der Gefahr gesprochen, die von einem, diesesmal von dem nördlichen der Glockentürme ausginge,[10] und aus der Zeit von 1722-23 sind Restaurierungsarbeiten am nördlichen Campanile im Gange (Archivio Capitolare Bari, MS 5). Zwischen 1738 und 1749 kommt es auch in der Kathedrale zu Bari zu barocken Umgestaltungen. Dabei wird auch das Apsisfenster vermauert und an anderer Stelle werden die Mauern für neue Fenster aufgebrochen. In der Zeit zwischen 1750 und 1869 erhöhen mehrere Blitzschläge die ständig vorhandene Einsturzgefahr des nördlichen Campanile, der 1894 endgültig abgerissen wird. Aufgrund dieser Vorkommnisse können Beschädigungen am Apsisfenster nicht mehr mit Sicherheit ausgeschlossen werden. Ihre Behebung und die Wiederherstellung des Fensters haben daher zu dem heutigen Zustand beigetragen.

Kehren wir also zu dem Fenster zurück: Der äußere Rahmen mit Bogen (hellgrau) dürfte ursprünglich – also nach 1177 – nur aus B-Feldern bestanden haben, also ohne die vier dunkelgrauen Felder der Gruppe C im Bogen.

Der innere Rahmen (weiß) setzte sich im Zeitpunkt seiner Entstehung – also um 1100 – ursprünglich nur aus A2-Feldern zusammen. Das sind jene, die im rechten Gewände und in der Sockelbank angebracht sind. Die zeitgleichen – also auch um 1100 entstandenen – A1-Felder in der Archivolte können ursprünglich jedoch anders geordnet zusammen mit den A2-Feldern zu einem einzigen Fenster gehört haben, aber genausogut auch von anderen Fenstern herrühren. Die im linken Gewände befindlichen A3-Felder müssen, da nicht ganz zu A1 und A2 passend, mit einem Fragezeichen versehen aus der Zeit um 1100 ausscheiden. Auszuscheiden sind auch die beiden dunkelgrauen Felder der Gruppe C im Bogen.

Als man nun ab 1177 an die Gestaltung des Apsisfenster ging, waren offenbar nicht genügend A2-Felder vorhanden. Man mußte sie ergänzen. Damit erhärtet sich der Verdacht, daß es sich bei allen weißen Feldern um Spolien handelt, die für das neue Fenster ab 1177 wiederverwendet wurden und damit anderen Ursprungs sind.

Wie bereits erwähnt, hatte EB Urso in den 80er und 90er Jahren des 11. Jahrhunderts seine Kirche neu errichtet und EB Helias im Februar 1092 die Gebeine des hl. Sabinus in die Krypta verbracht. Noch heute sind an den Nebenportalen der Fassade und an den Portalen der Süd- und der Nordseite die Gewände und Architrave – wenn auch aus der Zeit um 1030 - 40 – vorhanden und zwar alle abgeschrägt. Vom ursprünglichen Hauptportal der Kathedrale ist nichts mehr vorhanden bis auf einen Architraven an der Fassadenrückseite. Der gehört allerdings auch in die 30er und 40er Jahre des 11. Jahrhunderts. Ebenso fehlen die Apsisfenster des Baues aus dem Anfang des 11. Jahrhunderts sowie des Baues um 1100. Die Löwenportale der Nord- und der Südseite von San Nicola – um 1100 – haben alle den für die damalige Zeit typischen nach unten abgeschrägten Architraven, das Hauptportal von San Nicola zudem einen abgeschrägten Außenrahmen seitlich der Gewände. Als ein solcher Architrav stellt sich auch die Fensterbank vom Apsisfenster der Kathedrale dar. Wie wir sehen, überschneiden die beiden angefügten Eckstücke mit den Löwen die seitlichen Doppelsockel unter den Elephanten. Dies legitimiert zu der Feststellung, daß diese Anordnung eine Notlösung darstellt und zu der Mutmaßung, daß die Fensterbank sich entweder an ganz anderer Stelle befand, vielleicht als Architrav über einem Portal oder aber Teil des älteren Apsisfensters von 1100 war, das um 1177 in das neue Fenster miteinbezogen wurde.

Von der Kathedrale wissen wir ja, daß sie in ihrer Geschichte mehrmals grundlegenden Änderungen unterzogen wurde. Eine begann kurz vor 1100 unter den Erzbischöfen Urso und Helias – also zeitgleich mit dem Entstehen von San Nicola –, eine andere war die Erweiterung und der Wiederaufbau nach der Zerstörung Baris am 28. Mai 1156 und eine weitere Änderung erfolgte durch die Umbauarbeiten in den Jahren 1738 - 49, wobei die gesamte romanische Inneneinrichtung entfernt wurde und neben vielem anderem auch das Hauptportal.

Ob das bis zur Zerstörung von 1156 vorhandene Hauptportal wie die anderen Portale an seinem Platz verblieb oder beim Wiederaufbau nach 1156 entfernt wurde, ist nicht bekannt. Deshalb wissen wir auch nicht, welches Portal im 18. Jahrhundert einem Barockportal weichen mußte. Es bleibt daher auch nur eine Mutmaßung, in der Fensterbank und dem rechten inneren Rahmen Fragmente des Hauptportals oder des früheren Apsisfensters zu erblicken und in den A1-Feldern des inneren Bogens (weiß) Fragmente irgendeines der zerstörten Fenster – alle von dem Bau, der gegen Ende des 11. Jahrhunderts fertiggestellt worden war. Sicher ist lediglich, daß die Felder des inneren Rahmens mit Ausnahme des linken Gewändes einer Zeit um 1100 angehören.

Was nun den äußeren Rahmen anbelangt, so muß betont werden, daß alle die hellgrau gehaltenen Felder B – linkes und rechtes Gewände, drei Bogenfenster, Relief und Doppelkonsolen unter dem Fenster und wohl auch das rechte Kapitell – den Eindruck erwecken, als gehörten sie einem gemeinsamen um 1177 entworfenen Konzept für ein neues Apsisfenster an und seien deshalb auch dafür angefertigt worden. Elephanten, beide Sphingen und die Giebelfigur sind einer späteren Phase zuzurechnen, die einer Zeit nach dem Erdbebenjahr 1613 angehören dürfte, ebenso die Reliefs der Gruppe C in den dunkelgrauen Feldern. Einige Ornamente und Figuren des Seicento in Lecce, z. B. von der Fassade von Santa Croce, könnten eine Fährte andeuten.

Was aus der Zeit um 1200 und danach – also aus dem staufischen Apulien – von dem Apsisfenster der Kathedrale zu Bari bleibt, sind die in Hellgrau gehaltenen Felder. Die darin enthaltenen Skulpturen und Ornamente kann man zu den phantasiereichsten und künstlerisch gelungensten Bildhauerarbeiten Apuliens zählen. Detailfreudiges Bemühen und vollplastisches Gestalten der Extremitäten tragen das ihre dazu bei. Beispiele: Affe auf Ziegenbock, Kampf zwischen Löwe und Ziege (Abb. 23), männliche Figur in Ranken.

Anmerkungen

1 Codice Diplomatico Barese, Vol. I: Le pergamene del duomo di Bari (952-1264), a cura di G. B. Nitto di Rossi e F. Nitti di Vito, Bari 1897, Nr. 53.

2 Francesco Lombardi, Compendio cronologico delle vite degli arcivescovi Baresi, 2-II, Napoli 1967, S. 67.

3 wie Anmerkung 1, Nr. 94.

4 Ferdinando Ughelli, Italia sacra sive de episcopis Italiae, 10 Bde. Venedig 1717-1722, VII, S. 623.

5 wie Anmerkung 1, Nr. 73.

6 ebd., Nr. 83 (16. Mai 1212) und Vol. VI: Le pergamene di Barletta (897-1285), a cura di F. Nitti di Vito, Bari 1906, Nr. 37 (29. November 1219).

7 wie Anmerkung 1 (ohne Nr.).

8 wie Anmerkung 2, S. 88ff.

9 Francesco Lombardi, Storia del Monastero di S. Scolastica di Bari, Manuskript, um 1697, S. 128.

10 wie Anmerkung 4, S. 678.

Literatur

Avena, Adolfo, Monumenti dell'Italia meridionale. Relazioni dell'ufficio regionale per la conversazione dei monumenti delle provincie meridionali, (1891-1901) Roma 1902

Beatillo, A., Storia di Bari, (Napoli 1635), Bari 1886

Belli D'Elia, Pina, La cattedra dell'Abate Elia, Precisazioni sul romanico pugliese, in: Bollettino d'Arte, 1-2, 1974, 1-17, 6.f, Anno 77

Belli D'Elia, Pina, Il Romanico, in: La Puglia fra Bisanzio e l'Occidente, Milano 1980, 251-253

Bertaux, Emile, L'Art. dans l'Italie méridionale, 3 Bde., Paris 1903 (Roma 1968)

Bottari, Stefano, Monumenti svevi di Sicilia, Palermo 1950

Calò Mariani, Maria Stella, La scultura in Puglia durante l'età sveva e protoangioina, in: La Puglia fra Bisanzio e l'Occidente, Milano 1980

Calò Mariani, Maria Stella, L'arte del Duecento in Puglia. Istituto Bancario San Paolo di Torino, Torino 1984

Calò Mariani, Maria Stella, Scultura pugliese del XII secolo. Protomagistri tranesi nei cantieri di Barletta, Trani, Bari e Ragusa, Estratto da Studi di storia dell'arte in memoria di Mario Rotili, Napoli, Banca Sannitica 1984

Ceschi, Carlo, La cattedrale di Bari nel suo nuovo aspetto, in: Bollettino d'arte, 29, 1935, 128

Cocchetti Pratesi, Lorenza, In margine ad alcuni recenti studi sulla scultura medievale dell'Italia meridionale. I: La cronologia del sarcofago di Federico, in: Commentari 16, 1965, 186-203; II. Sui rapporti tra la scultura campana e quella siciliana, in: Commentari, 18, 1967, 126-150; 19, 1968, 165-196

Codice Diplomatico Barese, Vol. I: Le pergamene del duomo di Bari (952-1264), a cura di G.B. Nitto di Rossi e F. Nitti di Vito, Bari 1897

Fantasia, Pasquale, Su taluni frammenti di scultura rinvenuti nel Duomo di Bari, in: Annuario del R. Istituto tecnico di Bari, 8, 1889, 54-97

Francovich, Géza de, La corrente comasca nella scultura romanica Europea, in: Rivista del Reale Istituto d'archeologia e storia dell'arte, 6, 1937, 47-129

Legler, Rolf, Präzisierung zur Bareser Skulptur, in: Kunstchronik, April 1989, 166-170

Mellini, Gian Lorenzo, Appunti per la scultura federiciana, Estratto da »Comunita«, 179, 1978, 235-336

Migliazzi, Archivio della Cattedrale V. fasc. Campanili 1613

Orabona Gazzara, Emma, Per la storia della cattedrale di Bari, in: Japigia, 14, 1943, 1-23

Petroni, Giulio, Della storia di Bari dagli antichi tempi dell'anno 1856, 2 Bde. Napoli 1857/58 (Bologna 1971)

Petrucci, Alfredo, Cattedrali di Puglia, Roma 1960

Schäfer-Schuchardt, Horst, Die figürliche Steinplastik des 11.-13. Jahrhunderts in Apulien, Bari 1987, Vol I, Teil 1, S. 24f.

Schettini, Franco, La scultura pugliese dall'XI al XII secolo, Bari 1946

Schwedhelm, Sabine, Die Kathedrale San Nicola Pellegrino in Trani und ihre Vorgängerkirchen. Studien zur Geschichte des »Romanico Pugliese«, Diss. Berlin 1972

Thiery, Antonio, in: Bertraux (s. Calò Mariani) da pag. 345 a pag. 374: 571-594

Ughelli, Ferdinando, Italia sacra sive de episcopis Italiae, 10 Bde., Venedig 1717-1722

Venturi, A., Storia dell'arte italiana – II. Dall'arte barbarica alla romanica, Milano 1902; III. L'arte romanica, Milano 1904; IV. La scultura del Trecento e le sue origini, Milano 1906

Vinaccia, Antonio, I Monumenti medioevali di Terra di Bari, 2 Bde. Bari 1915

Wackernagel, Martin, Die Plastik des XI. und XII. Jahrhunderts in Apulien, Leipzig 1911

Wentzel, Hans, Antiken-Imitationen des 12. und 13. Jahrhunderts in Italien, in: Zeitschrift für Kunstwissenschaft, 9, 1955, 29-72

Willemsen, Carl A. und Odenthal, Dagmar, Puglia, Terra di Normanni e degli Svevi, Bari 1966

Peter Cornelius Claussen

Bitonto und Capua

Unterschiedliche Paradigmen in der Darstellung Friedrichs II.

Wer es gewohnt ist, Kunstwerke in Stilzusammenhänge zu ordnen, wird über den Gegensatz der Marmorskulptur an der Kanzel von Bitonto (1229, Abb. 28) und der vom Capuaner Brückentor (vollendet 1239, Abb. 32) ratlos den Kopf schütteln. Handelt es sich doch um Darstellungen des gleichen Herrschers (der zudem als Auftraggeber gilt), um Orte in Nachbarprovinzen eines Reiches und um die geringe Zeitdifferenz von einem Jahrzehnt.
Der Unterschied liegt tiefer, als daß man ihn durch die unterschiedlichen Anbringungsorte (Sakralraum – Stadttor) oder durch die unterschiedliche Herkunft und Ausbildung der Künstler hinreichend erklären könnte. Symptomatisch ist die Resonanz beider Werke in der Wissenschaft. In Capua ist die Herrscherdarstellung eindeutig zu identifizieren. Folglich interessierte das Brückentor und seine Skulptur als Kunstwerk und historisches Denkmal: Stilgeschichtliche Fragen und solche des intendierten Programms stehen im Vordergrund. Der ansehnliche Stapel bedruckten Papiers, der sich zu dem Kanzelrelief der Kathedrale von Bitonto angehäuft hat, ist dagegen fast vollständig der Frage ikonographischen Grundverständnisses gewidmet: Welche der dargestellten Personen denn wie zu benennen sei.
Die restituierte Marmorkanzel des Domes in Bitonto (Abb. 28), zu der das Relief als Treppenwange gehört, trägt zwei Inschriften, in denen sich ein Magister Nicolaus Sacerdos als Künstler nennt und das Werk auf das Jahr 1229 datiert.[1] Da wir, der jüngeren Literatur folgend, so sicher sein können / sollen / müssen (?), Friedrich II. in einer der Gestalten des Reliefs zu begegnen, niemand aber auf Anhieb zweifelsfrei sagen kann, welche der vier anonymen Figürchen der Gesuchte sei, soll zunächst beschrieben werden. Was sehen wir?
Die Dreiecksfläche des Reliefs ist durch einen ansteigenden Rundbogenfries gegliedert. Der Treppenwange folgend steigen vier Figuren nach rechts hin steil an, links eine thronende und nach rechts hin aufgereiht drei stehende Gestal-

ten. Ein Adler drückt sich in die verbliebene rechte untere Ecke. Den Fond des Reliefs bildet ein dichtes kleinteiliges Rankenmuster. Erst die dritte der insgesamt sechs Arkaden bietet ausreichend Platz für eine thronende Gestalt mit Krone, die sich in Leserichtung den drei Stehenden rechts zuwendet. In der linken Hand hält sie ein Lilienszepter, das die nächste, frontal stehende Figur mit ihrer Rechten zu ergreifen scheint. Diese trägt eine lange Tunika und ist ritterlich gegürtet. Um die Schulter legt sich ein Mantel, in dessen Tasselriemen die linke Hand greift. Sie trägt keine Kopfbedeckung und relativ kurzgeschnittene Haare.[2] Die nächste Figur, die mittlere der drei stehenden, hebt mit ihren Füßen schon etwas vom Boden ab.[3] Der Schwanz des Adlers hat darunter Platz. Von ihren Begleitfiguren unterscheidet sie sich durch die hohe Reifenkrone. Merkwürdig ist der Griff der Rechten an ein herzförmiges Gebilde, das der Arkade als Konsole dient. Ähnliche Herzkonsolen sind auch neben den Häuptern der anderen Stehenden zu sehen. Über ihnen markieren kleine Löwenmasken den Verschmelzungspunkt der Arkaden.[4] Die dritte Figur, sie trägt eine Kappe mit einem schmalen Kronreif, scheint mit ihrer Standfläche über dem Adlerkopf zu stehen. Auch sie greift mit der Rechten an eine der herzförmigen Konsolen.

Warum diese merkwürdige Höhenstaffelung? Doch offenbar um eine dem Treppenlauf folgende »Isokephalie« und zugleich ein ähnliches Längenmaß der Figuren einzuhalten. Der Horror vacui, der die Gestaltung prägt, zeugt nicht nur von überquellender Ornamentfreude, sondern auch von einer gewissen Angst, Leitlinien wie die Schräge des Treppenlaufes zu verlassen. Die Neuformulierung eines Themas dürfte einer Hand wie dieser nicht leicht gefallen sein.

Doch was ist eigentlich formuliert worden? Die erste Äußerung über das Relief, von Heinrich Wilhelm Schulz (vor 1860), beschreibt es, eingespielten Sehgewohnheiten folgend, als Anbetung der Hl. Drei Könige.[5] Darüber lächeln KunsthistorikerInnen heute. Das Kind fehlt. Aber das Kind fehlt zum Beispiel auch in dem Anbetungsrelief des 12. Jahrhunderts auf der Burg Hohenzollern.[6] Dort ist Maria / Ekklesia aber immerhin mit einem Nimbus ausgezeichnet. Im biblischen Rahmen bleibt auch die Deutung von Adolfo Venturi 1904, der die Königin von Saba mit Begleitern vor dem thronenden Salomo sah.[7] Eine weitere Deutung als biblische Szene gab Heinrich Decker 1958.[8] Seine Deutung: Die Magier vor Herodes.

Wenn man schon an den angeführten biblischer Deutungsmustern des Reliefs sehen kann, macht die Unterscheidung Schwierigkeiten, ob es sich um weibliche oder männliche Figuren handelt. Ist die thronende Figur nun Maria, Salomo oder Herodes, die mittlere Stehende einer der Hl. Drei Könige oder die Königin von Saba?

Inzwischen hat sich die Forschungsmeinung von solchen »konventionellen« Sichtweisen weit entfernt. Begonnen mit einer politischen Deutung hatte schon 1900 Paul Schubring:[9] Die Thronfigur sei Kaiser Friedrich II., dem Gefolgsleute huldigen. Adolfo Avena (1902) sah Heinrich VI. thronend.[10] Vor ihm seine Frau Constanze, Friedrich II. und einer der Söhne. Emile Bertaux blieb dann mit seiner Aufschlüsselung (1904) für ein halbes Jahrhundert tonangebend:[11] Er erkennt Friedrich II. auf Thron, vor ihm Isabella von Brienne, die Kaiserin, dann die beiden Söhne Heinrich VII. und Konrad IV. G. Mongiello (1952) modifizierte diese Deutung nur insofern, als ihm die mittlere Figur als die der Kaiserin galt.[12]

Eine lokalpolitische Note gibt dem Relief erstmals Vito Aquafredda (1937). Auch er sieht als Hauptperson Friedrich II. auf dem Thron, vor ihm aber einen Delegierten der Stadt Bitonto, hinter dem zwei Angehörige des Hofes stehen.[13] Er dachte sich das als Ereignisbild der Unterwerfung Bitontos 1229, nachdem der Kaiser erfolgreich aus dem Heiligen Land zurückgekehrt war.

Adriano Prandi bestimmte 1953 mit physiognomischen Argumenten die mittlere der stehenden Figuren als Porträt Friedrichs II.[14] Trotz der schwachen Argumentation sind ihm alle späteren Bearbeiter darin gefolgt, wahrscheinlich weil man nun plötzlich erkannte, daß nicht die Thronfigur, sondern die mittlere der stehenden Figuren den stärksten Akzent setzt.[15] Damit kommen wir zum aktuellen Stand. Der wird eingeleitet 1960 durch eine Untersuchung von Hans Martin Schaller, in der das Reliefprogramm in Bitonto mit dem Predigttext eines Abtes Nikolaus, Kleriker in Bari, in ursächliche Verbindung gebracht wird.[16] Diese Predigt ist eine Huldigung an Friedrich II. mit manchen biblischen Anspielungen, z. B. auch solchen an die Hl. Drei Könige. Die Sippe der Stauferherrscher wird darin mit der Wurzel Jesse, Friedrich I. Barbarossa mehrfach König David gleichgesetzt. Eine Hierarchie der Reiche wird von der sizilischen Krone, der Krone von Jerusalem zur Kaiserkrone und eine ansteigende Linie maius, maior, maximus vom Großvater über Heinrich IV. bis zu Friedrich II. konstruiert. Auch Konrad wird erwähnt.

Schaller versucht zudem die historische Situation zu umreißen, in der der Predigttext und, diesen in der Folge visualisierend, das Relief entstanden sein könnten. Im Sommer 1229 war Friedrich aus Palästina nach Apulien zurückgekommen in ein Land, dessen Städte mehrheitlich von ihm abgefallen waren. Es kostete allerdings nicht viel, sie alle wieder zu unterwerfen. Als Unterwerfungsgeste deutet Schaller dann auch die Predigt. Jener Nikolaus habe sie auf der Kanzel von Bitonto im Beisein des Kaisers gehalten. Anschließend habe der Kaiser den Hauptinhalt als politisches Denkmal in Marmor verewigen lassen. Nicht auszuschließen sei, daß der Autor der Predigt mit dem gleichnamigen Bildhauer der Kanzel identisch sei.

28
Bitonto. Kathedrale, Relief an der Treppenwange der Kanzlei.

29
Bitonto. Kathedrale, Detail vom Kanzelrelief (linke Figur).

Schaller erblickt in Relieffiguren folgende genealogische Reihe: Friedrich I. auf dem Thron, der das Szepter an Heinrich VI. weiterreicht.[17] Dann kommt die Hauptperson, Friedrich II., schließlich Konrad, der künftige König. Der ornamentale Hintergrund spiele auf die Wurzel Jesse an. Auch die aufsteigende Linie des Stammbaumes finde auf einleuchtende und wörtliche Weise eine Entsprechung in der formalen Gestaltung des Werkes.

Modifiziert wurde Hans Martin Schallers neue Sicht von Roswitha Neu-Kock (1978) nur insofern, als sie in der Thronfigur nun König David sieht und in den Begleitern Friedrichs II. dessen Söhne Heinrich und Konrad.[18]

Völlig herumgerissen hat das Deutungsruder 1980 Heinrich Thelen, der mit einer einfachen Beobachtung den gordischen Deutungsknoten durchhauen zu können glaubte, in Wirklichkeit aber neu knüpfte. Er sah nämlich völlig richtig, daß die Krone der thronenden Figur mit ihren hohen perlenbesetzten Spitzen eine weibliche ist und denen der normannischen und anderer Königinnen entspricht.[19] Schaut man noch genauer hin, dann sieht man, daß die Thronfigur an der Stirn unterhalb des Kronreifes auch den Ansatz einer weiblichen Frisur zeigt: mittelgescheiteltes, relativ langes Haar, das nach beiden Seiten zurückgekämmt ist.[20] Auch eine Besonderheit der Kleidung ist zu bemerken. Zwar tragen alle vier Gestalten einen Schultermantel, aber nur bei der Thronenden wird dieser statt des Tasselriemens durch eine Brosche zusammengehalten.[21] Kronenform, Haartracht und Kleidung ergeben zusammen einen überzeugenden Indizienbeweis: Auf dem Thron sitzt eine Frau! Alle Deutungen der Figur als Salomo, Herodes, König David, Friedrich Barbarossa, Heinrich VI. und Friedrich II. sind hinfällig. Als weibliche Gekrönte auf dem Thron konnte sich Thelen nun aber nicht wie einst Schulz die Maria, sondern nur eine Stadtpersonifikationen vorstellen. Am ehesten die Tyche von Bitonto, vor der der Kaiser erscheint und der er durch einen »Paladin« Rechte übergeben läßt.

Der Gelehrtenschweiß, der über das bescheidene Relief gegossen wurde, ist beachtlich. Ich habe nicht alle Varianten zitiert und bin doch schon bisher auf elf Meinungen gekommen. Das sollte eigentlich genügen, denkt man. Doch glücklich ist mit der jüngsten Deutung niemand. Der Augenschein spricht doch zu deutlich dafür, daß die Thronende ihr Szepter an die zunächst stehende männliche Figur weitergibt. Ist es wirklich plausibel, daß die Personifikation Bitontos im Jahre 1229, als die Stadt mit Demutsbezeugungen ihren Abfall von Friedrich wiedergutzumachen sucht, dem Kaiser ein Szepter und damit ein Zeichen der Königsherrschaft verleiht? Das scheint doch absurd. Die Rätselknackerei wird also weitergehen und ich will sogleich die nächste Runde einläuten und auf die elfte Meinung noch eine zwölfte und dreizehnte setzen. Hier also die Nummer 12: Ich gehe wie Hans Martin Schaller von der Situation 1229 aus, akzeptiere aber Thelens Beobachtungen. Die stehende, gekrönte Mittelfigur bleibt Friedrich II., die Dame auf dem Thron wird zur Personifikation Jerusalems. Dargestellt wäre die Erfüllung des Herrschaftsanspruchs über das Königreich Jerusalem durch den Kreuzzug von 1229. Wie wichtig Friedrich II. der Titel des Königs von Jerusalems war, sieht man an den Siegeln. In das bestehende Siegeltypar wurde der Titel sofort seitlich des Thronbildes eingefügt.[22] Bitonto konnte, gerade wenn es während des Kreuzzuges wie die meisten anderen apulischen Städte untreu geworden war, seinen Gesinnungswechsel kaum besser ins Bild setzen als durch die Anerkennung dieses Erfolges und der neuen, auch theologisch so wichtigen neuen Würde seines Herrschers.

Daß man Herrschaften, Reiche als thronende Stadtgöttinnen personifizierte, dürfte als antike Tradition schon vom Münzbild her einigermaßen bekannt gewesen sein.[23] Im 13. Jahrhundert üblich wäre eine derartige Personifikation aber keineswegs. Wenn Thelen für die Sitzfigur allerdings die Tyche von Bitonto in Betracht zog, dann ist die gleiche Idee mit einer Benennung auf Jerusalem erheblich naheliegender. Hier wäre die Weitergabe oder Verleihung des Szepters eben durchaus sinnvoll. Es ist die Vergabe einer Königsherrschaft. Wir sehen Friedrich II. flankiert von seinen beiden Söhnen, wobei der Kronenlose auf dem Ehrenplatz zu seiner Rechten der Knabe (damals noch ein Baby) Konrad IV. (geb.1228) ist, der als Sohn der Isabella von Brienne und künftiger König von Jerusalem die Herrschaft über dieses Reich direkt von der Stadtgöttin verliehen bekommt.[24] Links von Friedrich steht der ältere Sohn Heinrich VII., der als deutscher König (seit 1220) schon eine Krone trägt. Der Griff der beiden Gekrönten an die herzförmigen Gebilde an den Arkadenanfängen und die drei Löwenmasken darüber sind in diesem Kontext als Zugriff auf ihre Herrschaften zu deuten. Eine gewisse Rangabstufung mag darin zu sehen sein, daß nur die beiden Kronenträger über dem Adler plaziert sind. Im Fall von Konrad, der 1229 noch in den Windeln lag, ist ein Moment kurz vor der Übergabe des Szepters, noch nicht aber die Ausübung der Herrschaft dargestellt. Die herzförmige Konsole »schwebt« über der geöffneten Hand des Knaben. Enigmatisch bleibt dieses Zeichen. Wäre es denkbar, daß Consanguinitas in dieser einzigartigen Weise bildlich verdeutlicht werden sollte?

Nun noch eine Variante dieser Deutung, die dreizehnte in unserer Zählung: Links thront in dieser Lesung kein Abstraktum, sondern wirklich eine Königin: die kurz zuvor, 1228, im Kindbett verstorbene Isabelle von Brienne, Tochter des Johann von Brienne, des Königs von Jerusalem, Gemahlin Friedrich II. und Mutter Konrads IV. 1225 hatte sich Friedrich II. mit der 14jährigen vermählt. Die Legitimität des Jerusalemer Erbes würde in dieser Semantik besonders augenfällig: Die Kaiserin übergibt den ererbten Königstitel ihrem

Sohn. Eben diese Legitimität der Jerusalemer Krone in staufischem Besitz wurde 1229 nicht nur von Gregor IX. sondern auch von Johann von Brienne bestritten, der auch noch nach 1225 (der Heirat seiner Tochter) als König von Jerusalem titulierte.
Über die politischen und theologischen Implikationen eines solchen Denkmals der Rechtmäßigkeit staufischer Herrschaft über Jerusalem, muß hier nicht weiter geredet werden. Der genealogische Aspekt und auch die historische Situation der Herrschaftsübernahme in Jerusalem ist von Hans Martin Schaller und Roswitha Neu-Kock ausführlich dargestellt worden.[25]

13 Meinungen immerhin, meine Thesen dazugezählt. Der Deutungswirrwarr wurde so ausführlich nachgezeichnet, weil er kennzeichnend ist. Nicht so sehr für die hermeneutischen Schwierigkeiten unserer Wissenschaft (das vielleicht auch), sondern in höherem Maße noch für die Schwierigkeiten, die der Künstler mit seinem Werk hatte. Es handelt sich ohne Zweifel um eine Darstellung, die nicht so einfach in überkommene Raster paßt. Allein deshalb scheint mir eine Darstellung aus dem biblischen Geschehen unwahrscheinlich. Die sollten wir deutlich erkennen können.[26]
Wer ist der Auftraggeber? Wohl kaum der Kaiser; eher der Bischof oder die Kanoniker von Bitonto. Auch wenn man die überlieferte »Predigt« des Nikolaus von Bari nicht als unmittelbares Konzept für die Darstellung ansehen muß, ein Deutungsmuster für ein Herrscherlob aus klerikaler Sicht gibt sie in dieser Zeit und dieser Gegend allemal.[27] Setzt man das voraus, dann wäre dem Bildhauer, der ja selbst Priester ist, die Aufgabe gestellt, mit den dargestellten Personen jeweils auch auf anderes anzusprechen. Mit biblischen Darstellungsmustern auf die Gestalten des Kaiserhauses, mit den staufischen Herrschern auf Heilsgestalten der Bibel. Durch das Relief im Kirchenraum an der Kanzel war das Dargestellte zusätzlich sakralisiert. An den Treppenwangen der Kanzeln Unteritaliens, vor allem in Campanien, ist häufig die Jonasgeschichte dargestellt worden: ein tröstender Hinweis auf Rettung und Auferstehung. Das mag im Relief der Adler als Auferstehungs- und Christussymbol bezeugen, der am Kanzelkorb in dieser Eigenschaft in Erscheinung zu treten pflegt. In Bitonto kann oder soll der Adler aber in »umkippender« Deutung auch heraldisch als Zeichen des Kaisers oder der Staufer interpretiert werden.[28] Die Konventionen der Darstellung bewegen sich im Bereich religiöser Darstellung, und vielleicht nicht nur deshalb, weil sich hier vorgeprägte Bildmuster finden lassen. Sie können kaum anders als religiöse Wendungen zu benutzen, wenn die priesterliche Panegyrik keinen anderen »Anspielungsraum« läßt und ein Sakralraum die Konventionen bildlicher Darstellung mitbestimmt.

Dieses komplizierte Verfahren, das dem Wort angemessener ist als dem Bild, war gewiß schon für die ZeitgenossInnen schwer verständlich. Schön müssen wir das Relief nicht finden. Interesse hat es aus anderen als ästhetischen Gründen mehr als genug gefunden und vielleicht in gewisser Weise gegen seine ursprüngliche Intention: Diese war eingerechnet das Anspielungsspektrum mit Sicherheit auf Verständlichkeit und Lesbarkeit gerichtet. Das beste wird sein, selbst wenn einmal eine befriedigende Deutung des Werkes gefunden werden sollte, den beschriebenen Deutungswirrwarr immer mitzubedenken. Er kennzeichnet das Werk.
Das Bildprogramm der zehn Jahre später vollendeten Porta Capuana unterscheidet sich von dem kleinen Relief in Bitonto, als lägen Welten dazwischen. Es ist durch die überlieferten Beischriften und durch die Aussage von Zeitgenossen des 13. Jahrhunderts in den wichtigsten Zügen und in seinem Funktionszusammenhang zu erschließen. Woher plötzlich nun Eindeutigkeit? Der Referenzpunkt dieser Kunst ist antike Repräsentation, z.B. Stadttore und Ehrenbögen. So wie im ganzen Mittelalter antike Herrschertitel zur Erhöhung des jeweiligen Herrschaftsanspruches benutzt wurden, so gelegentlich auch Übernahmen antiker Hoheitsarchitektur. Niemals ist diese Form der Antikenrezeption aber so eigenständig, kompetent und im Ergebnis den antiken Monumenten so gleichrangig wie in der Zeit Friedrich II. zwischen 1231 und 1250. Die Frage, warum das so ist, kann ich hier kaum anschneiden.[29] Wir registrieren jedenfalls einen radikalen Wechsel der Vergleichsmaßstäbe und der Referenzpunkte, kurz Paradigmenwechsel genannt, wobei in Süditalien das Jahr 1231 ein Scharnier zu bilden scheint: Die Konstitutionen von Melfi werden proklamiert und die Prägung der antikisierenden Augustalis-Goldmünzen setzt ein. Das Relief in Bitonto liegt kurz vor dieser Wende zur antiken Bildsprache, die Porta Capuana bald danach. Es liegt auf der Hand, daß für uns, die wir durch eine lange Tradition der Vermählung von Herrschaft mit klassizistischen Formen der monumentalen Repräsentation geprägt sind, Herrschaftsdarstellung in antiker Gewandung ihren Zweck adäquater zu erfüllen scheint als sie es durch Anleihen bei der Tradition biblischer Historiendarstellung tun könnte.

Die Statue Friedrich II. vom Brückentor in Capua[30]

Nachdem französische Revolutionsgruppen 1799 die Stadt Capua erobert hatten, stürzten und köpften sie die marmorne Thronfigur Friedrich II., die seit 1584 an der Flußseite des Brückentors aufgestellt war, ursprünglich aber von dessen Außenfassade (Abb. 30, 32) stammte. Das Haupt sollen sie im Volturno

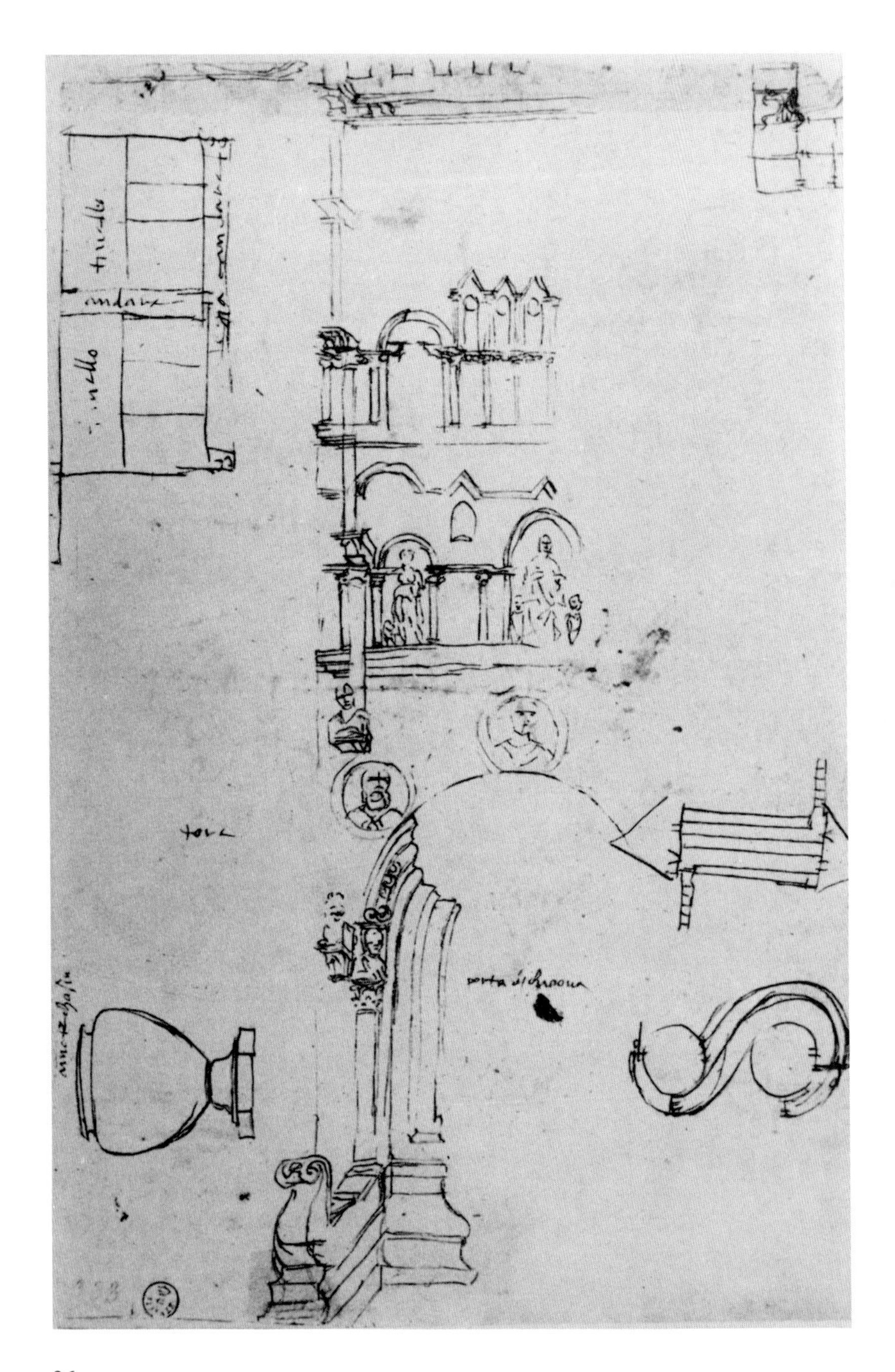

30
Bauaufnahme des Brückentors in Capua von Francesco di Giorgio.

31
Rekonstruktion des Brückentors in Capua von Mariano, 1928.

versenkt haben.[31] Von diesem frühesten monumentalen Herrscherbildnis nachantiker Zeit sind bedeutende Reste (Abb. 32) erhalten. Sie können durch Bild- und Schriftzeugnisse so ergänzt werden, daß dieses Werk, das schon im Mittelalter hochberühmt war, wieder einigermaßen vorstellbar wird. Bislang galt als einziges Bildzeugnis für den Zustand des Herrscherbildes vor seiner Verstümmelung der kleinformatige Stich in Séroux d'Agincourts Tafelwerk »Histoire de l'art« (Abb. 34).[32] Séroux hatte seit 1778 bis zu seinem Tod, 1815, von Rom aus Material für dieses Werk über mittelalterliche Kunst zusammengetragen, das erst 1823 herausgegeben wurde; 1781 reiste er nach Campanien, wobei ihn die Straße notwendigerweise durch Capua führen mußte.[33] Kurz zuvor hatte der neapolitanische Hofhistoriograph Francesco Daniele die Capuaner Statue beschrieben und gezeichnet. Außerdem hatte er durch den Bildhauer Tommaso Solari (*1779) einen Abguß der Gesamtfigur anfertigen lassen, über dessen Verbleib nichts bekannt ist.[34] Erhalten dagegen ist Solaris Abguß der Büste Friedrich II. (Abb. 37), die in Danieles Studio aufgestellt war.[35] Es handelt sich nach Mellini um ein Werk aus Terrakotta, das dunkel überstrichen wurde.[36] Ob und in welchem Maße diese Nachschöpfung des 18. Jahrhunderts mit dem verlorenen Original übereinstimmt, ist in einer Diskussion, die sich seit Jahrzehnten mangels neuer Argumente im Kreis dreht, unterschiedlich beurteilt worden.[37] Konsens bestand nur darin, daß man mit Ergänzungen und Glättungen zu rechnen hat, die für den klassizistischen Eindruck verantwortlich gemacht wurden.[38] Schon 1584 war die Nase angestückt worden, als die Statue, die man 1557 beim Abriß der Torfassade durch die Spanier offenbar relativ schonend geborgen hatte, denkmalartig aufgestellt wurde.[39] Die übrigen Ergänzungen dieser Zeit, Hände und Füße, waren nach Danieles Zeugnis schon im 18. Jahrhundert wieder abgefallen.[40]
Die bislang bekannt gewordenen Beschreibungen des Bildwerks aus der Zeit vor seiner Verstümmelung im Bildersturm von 1799 geben einige Hinweise zur Gestik und zum allgemeinen Eindruck: die früheste und wichtigste ist die des Andreas von Ungarn, Hofkaplan Karls von Anjou und Chronist des Feldzuges von 1266. Seinem Bericht inseriert er eine bewundernde Beschreibung von Friedrichs Brückentor. Über die Statue schreibt er:[41] An ihnen (den Türmen) ließ er zum ewigen und unvergeßlichen Andenken sein gemeißeltes Bildnis anbringen: die Arme vor- und zwei Finger ausgestreckt, den Mund sozusagen die Verse einer hochfahrenden Drohung herabdonnernd, weil (diese) ja noch zur Einschüchterung der Hindurchschreitenden und derer, denen sie vorgelesen werden, dort eingemeißelt sind:

32 Torso der Sitzfigur Friedrichs II., Capua, Museo Campano.

Auf des Cäsars Geheiß bin ich des Königreichs Wächter! Stürzen werd ich in Schmach, die ich veränderlich weiß. Sicher schreite hindurch, wer fehllos zu leben gewillt ist, aber der Untreue fürcht' Bann und im Kerker den Tod.

Selten im Mittelalter ist die »Sprachfähigkeit« einer Statue außerhalb von Legende und Wunderbericht so wirklichkeitsnah überliefert worden. Das Wort ist hier kein gelehrter Kommentar, sondern unmittelbare und bedrohliche Ansprache, das Bildnis seine visuelle Präsenz.[42] Und wer die Worte nicht lesen oder verstehen konnte, bekam sie offenbar von den Torwächtern nachdrücklich ins Ohr geblasen.[43] In der Literatur zum Capuaner Brückentor bisher nahezu unbemerkt geblieben ist als zweitälteste Beschreibung eine Erwähnung im Schachzabelbuch des Dominikaners Jacobus von Cessolis, aus der Zeit um oder nach 1275.[44] In ihr wird die Herrscherfigur an der Fassade als Thronbild »sedens maiestatem pretendens sculptus ...« bezeichnet.[45] Außerdem sind erstmals die seitlichen Büsten als Richter (duo iudices assesores sculpti sunt) benannt und alle Inschriften im Wortlaut wiedergegeben. Dabei ergibt sich eine wichtige Korrektur, die die Zuordnung von Bild und Schrift im ehemaligen Fassadenprogramm betrifft: Die Worte »Stürzen werd' ich in Schmach, die ich veränderlich weiß«, besonders sie lassen sich im Sinne Andreas von Ungarns als hochfahrende Drohung auffassen, waren im Bogen über dem Kopf des Kaisers angebracht.[46] Wahrscheinlich ist die weite Verbreitung des erwähnten Schachzabelbuchs der Grund für die Aufnahme des Capuaner Denkmals in die gleichfalls moralisierende Geschichtensammlung der Gesta Romanorum (frühes 14. Jahrhundert).[47]

Ein bildlicher Reflex des Capuaner Brückentors mit seiner Kaiserfigur ist im Dedikationsbild von Handschriften der Bäder von Pozzuoli des Petrus von Eboli zu finden.[48] Die erhaltenen Versionen aus dem späten 14. Jahrhundert spiegeln wahrscheinlich eine Vorlage des 13. Jahrhunderts. Die Handschrift in New York gibt den Kaiser, dem das Buch dediziert wird, im Dreipaß einer Torarchitektur wieder, die wie die Porta Capuana von Türmen flankiert ist. Er ist bartlos und hält auffälligerweise keine Insignien in den Händen. Daß die Porta Capuana gemeint ist, machen die beiden begleitenden, bärtigen Richterbüsten deutlich. Auch die abschließende Statuengalerie stimmt motivisch mit der ehemaligen Schaufassade des Tores überein.

Das einzige zuverlässige und zugleich früheste Bildzeugnis der Torfassade vor ihrer Zerstörung durch die Spanier (1557) ist die schöne Zeichnung Francesco di Giorgio Martinis in den Uffizien (Abb. 30), die wahrscheinlich zwischen 1480 und 1490 entstanden ist.[49] Die Sitzfigur wirkt hier schmal und groß im Vergleich etwa zum Tondo mit der weiblichen Büste darunter.[50] Bei aller Flüchtigkeit der Zeichnung sind deutlich Armstümpfe auszumachen.[51]

Schon vor 1500 waren also etwaige Insignien nicht mehr zu sehen. Auffällig ist, daß der Thron auf beiden Seiten von zwei kleinen Löwenskulpturen flankiert ist.[52]
Um 1500 soll eine grobe Skizze von ungeübter Hand entstanden sein, die einer Inschriftensammlung beigefügt wurde.[53] Sie überliefert nur eine summarische Verteilung der Skulpturen an der Fassade und gesondert drei der Inschriften, jeweils in ringförmiger Anordnung. Reichsapfel und Szepter scheinen mir willkürliche Zutaten, um das Herrscherbild als solches zu kennzeichnen.[54]
Schließlich ist noch ein Stich des Kaiserkopfes im Profil zu nennen, der 1588, also nach der ersten Restaurierung der Figur, veröffentlicht wurde.[55] Als einziger in einer Bildnisserie gekrönter Häupter ist er im Profil und mit einer Zackenkrone dargestellt. Von den leicht gelockten Haaren fallen hinten zwei Bänder herab. Den gleichen Typus variiert der stärker ausgearbeitete Profilkopf des Kaisers in einer Porträtsammlung von 1596, der trotz einiger Freiheiten als Wiedergabe des Capuaner Herrscherhauptes angesehen werden darf.[56]
Im späten 18. Jahrhundert weckt die Statue dann auch als Kunstwerk Interesse. Daniele nennt sie überlebensgroß und im Eindruck jugendlich, so als hätte der Dargestellte die Vierzig noch nicht erreicht. In der Durchführung, für die der Künstler sich wohl ein gutes antikes Original zum Vorbild genommen habe, gefalle besonders das Gesicht und die Haltung.[57] Séroux d'Agincourt lobt die Gelassenheit und ruhige Majestät, die von dem Bildnis ausgehe.[58]
Nach soviel historischen Zeugnissen nicht zu vergessen: im Museo Campano in Capua existiert der Torso der Sitzfigur (Abb. 32) und kann selbst im heutigen Zustand als herausragendes Werk mittelalterlicher Bildhauerkunst erkannt werden. Die Geschichte seiner Fragmentierung ist mit der revolutionären Tat von 1799 aber noch keineswegs beendet: Die Figur wurde, um den Marmor anderweitig zu nutzen, senkrecht in zwei Teile zersägt, die vortretenden Teile der Beine abgesprengt.[59] Zu den Substanzverlusten der Figur muß überdies eine erhebliche Abarbeitung des Gesamtkonturs gezählt werden. Die geschwungene Schulter- und Halspartie wurde grob abgemeißelt, ebenso die vortretenden Teile des Gewandes und der Thronbank an den Seiten. Auch deren untere Hälfte und die Knöchelpartie der Figur sind verloren. Die übrige Oberfläche ist, bis auf einige Abstoßungen und Ausbrüche, relativ gut erhalten.
Eine erste Aufstellung des Torsos im Hof des Museums in Capua ist durch ein frühes Moscioni-Foto belegt.[60] Es belegt, daß im 19. Jahrhundert die Gewandpartie, die sich vom linken Arm der Figur in faltenreichem Schwung über den linken Oberschenkel legt, noch gut erhalten war. Im späten 19. Jahr-

hundert hatte man die Fragmente glättend und verfälschend mit Gips überformt und ergänzt: eine Fassung, unter der 1952 die originale Substanz wieder zum Vorschein kam.[61] Das Höhenmaß von der Bruchkante an den Unterschenkeln bis zu der am Ansatz der Schultern beträgt ca. 1,20 m, die erhaltene Breite an den Schultern 0,59 m.[62] Auffällig ist die raumgreifende Plastizität: Doch beträgt die erhaltene Tiefe nur ca. 0,40 m. Die Rückseite ist völlig flach, als sei die Figur an eine Rückwand geklinkt worden. Ein senkrechter Sägeschnitt trennt sie in zwei Hälften. Das Fragment mit Schenkel und Knie des rechten Beines konnten wieder paßgenau angesetzt werden.[63] Diese Teile sind wahrscheinlich bei der glättenden Rekonstruktion des späten 19. Jahrhunderts als störend weil unantik entfernt worden. Bei der Befreiung der Figur aus ihrem Gipskorsett und bei der anschließenden Neumontage fehlten sie jedenfalls.[64]

Unsere Vorstellung vom ursprünglichen Aussehen der Herrscherfigur kann durch eine Zeichnung des 18. Jahrhunderts (Abb. 33) wesentlich ergänzt und korrigiert werden. Sie hat sich im Nachlaß von Séroux d'Agincourt in der Bibliotheca Vaticana erhalten und diente, wie man an dem aufgelegten Quadrierungsnetz sehen kann, als direkte Vorlage für den Stich der Figur in dem Tafelwerk.[65] Es handelt sich um das Werk eines begabten Amateurs. Ein professioneller Künstler hätte sich bei der zeichnerischen Aufnahme der Statue stärker um den exakten Umriß, vielleicht auch um eine pittoreske Umgebung, als um Ausdrucksnuancen bemüht.[66] Séroux's eigenhändige Zeichnungen, z.B. die der mittelalterlichen Hausfigur der »Buonissima« in Modena sind auf andere Weise dilettantisch.[67] Sie wirken in ihrer Exaktheit eher starr und trocken. Willemsens Vermutung, der Stich der »Histoire de l'art« gehe auf eine eigenhändige Zeichnung ihres Verfassers zurück, hat deshalb wenig Wahrscheinlichkeit.[68] Allerdings sind die Beischriften der Vatikanischen Zeichnung (Abb. 33) von seiner Hand.[69] Aus diesen erfahren wir, daß der Körper der Statue den Eindruck spätkaiserzeitlicher Entstehung mache. Außerdem weist er auf die Kopie einer Inschrift hin und die korrekte Schreibweise der Namensbeischrift.[70] Ich nehme an, daß es sich bei diesem Blatt um die schon erwähnte Zeichnung handelt, die der Historiker Francesco Daniele in seiner Beschreibung von 1782 als eigenhändige Arbeit erwähnt. Della Valle, der diesen Bericht veröffentlicht hat, erhielt sie möglicherweise zusammen mit Danieles Text. Della Valle nun wiederum stand mit Séroux d'Agincourt in regem Austausch und belieferte diesen im gleichen Jahr 1782 mit Zeichnungen, vorzugsweise Sienesischer Kunstwerke.[71]

33 Zeichnung (um 1780) der Sitzfigur Friedrichs II. aus dem Nachlaß von Séroux d'Agincourt.

Pl. XXVII.
N.° 4
Le corps de la statue paroît du bas empire
L'inscription est au dessus de la tête et conçue comme ci derrière
Il y a federico et non federigo, voyez ci derrière

34 Stich der Sitzfigur im Tafelwerk des Séroux d'Agincourt.

35 Rekonstruierende Montage aus den Fragmenten der Sitzfigur.

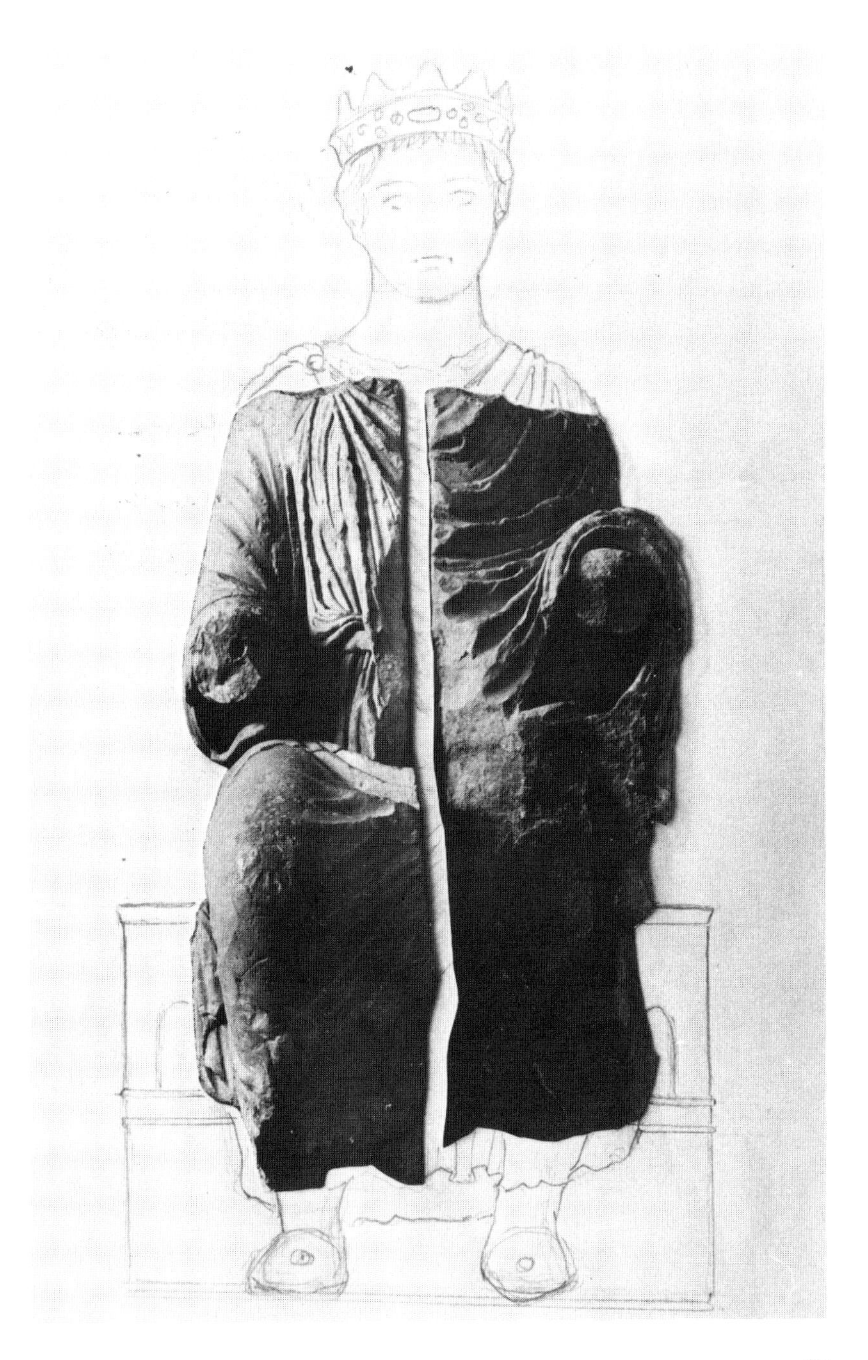

Ob durch Della Valle vermittelt oder direkt von Daniele erbeten, Séroux hat sich offenbar sofort nach Erscheinen der »Lettere Senesi« die dort erwähnte Zeichnung gesichert.

Nun wäre der Fund nicht weiter bemerkenswert, wenn Stich (Abb. 34) und Vorlage (Abb. 33) übereinstimmten. Das ist aber nur in großen Zügen der Fall. Der Eindruck, besonders des Gesichtes, differiert enorm. Die Vereinfachungen, Mißverständnisse und Eigenheiten des Stechers, der in seinem Handwerk merkwürdig ungeübt erscheint, sind nicht zu übersehen. Die aufrechte, ein wenig starre Sitzhaltung der gezeichneten Statue hat er in einen geschwungenen Kontur verwandelt. Besonders deutlich wird das in der Haltung des rechten Arms, der vom Körper abgewinkelt erscheint. Die genaue Angabe der Gewandfalten in der Zeichnung ist grob vereinfacht, z. T. verfälscht worden: So sind etwa aus den geraden Zerrfalten, die sich vom rechten Bein zum Schoß ziehen, geschwungene Stege geworden. Man kann an den erhaltenen Gewandpartien des Torsos (Abb. 32) nachvollziehen, daß der Zeichner sich erfolgreich bemüht hat, auch Details des antikennahen Faltenapparats wiederzugeben. Die Haarnadel- und Ösenfalten, die sich von der Brust zur linken Schulter ziehen, sind Zug um Zug aufzufinden. Selbst Beschädigungen, die besonders die Stege der Schüsselfalten der vordersten Schicht des Mantelstücks über der Brust betroffen haben, sind kenntlich gemacht. Die einzige deutliche Abweichung vom Zustand der heute erhaltenen Teile sind die Anschnitte der Armstümpfe, deren Durchmesser wesentlich kleiner ist. Man darf daraus schließen, daß die Arme im 18. Jahrhundert noch bis zum Ansatz der Hände erhalten waren.

Verblüffend anders im Ausdruck ist der Kopf des Kaisers. Statt der pathetisch verschatteten Augen des Stiches (Abb. 34), der eckigen Stirn, der griechischen Nase und der aufgeworfenen (hochmütig wirkenden) Lippen – ein Kindergesicht! Große, aufgerissene Augen (Abb. 33) mit auffällig lebendig blickenden Pupillen, eine schmalrückige, kurze Nase, weich gerundete Wangen, ein Mund mit schmaler Oberlippe und herabgezogenen Mundwinkeln.[72] Es fehlen dagegen die Lockenzangen der Stirnhaare, die der Stecher, vielleicht in Kenntnis von Augustus-Porträts, hinzuerfunden hat.[73] Stattdessen sind am Ansatz des Kronreifens kurze Stirnfransen zu sehen. Anders ist auch die Krone. Vor allem sind die Zacken kleiner und auf Abstand gesetzt.

Die letztgenannten Details der Krone und Frisur stimmen genau mit Solaris Büste des Kaisers (Abb. 37) überein.[74] Büste und Zeichnung, die ja unabhängig voneinander entstanden sind, stützen gegenseitig ihre Authentizität. Der erste wichtige Schluß, den die Zeichnung erlaubt, ist der Nachweis, daß die Büste keine freie Nachschöpfung ist, sondern die sachlichen Details getreu wiedergibt. Damit ist die Wahrscheinlichkeit groß, daß das Terrakotta-

Werk in der Abgußmodel geformt wurde und folglich auch in den Maßen mit dem Original übereinstimmt.
Ernst Langlotz hat die Gipsabgüsse des Capuaner Torsos mit dem der Büste vereinigt und ist dafür z.T. kritisiert worden.[75] Um eine bessere Vorstellung von der ursprünglichen Gestalt zu gewinnen, ist das jedoch ein legitimer Weg. Mit Hilfe der Vatikanischen Zeichnung ließen sich heute einige Details am Übergang von den Schultern zum Hals besser gestalten. Die Höhe der Montage bis zum Scheitel beträgt 1,55 m. Wie man im Vergleich mit der Zeichnung sehen kann, fehlen mindestens 0,15 m am unteren Saum des Gewandes und der Fuß-, bzw. Knöchelpartie. Ca. 1,70 m Höhe für eine Sitzfigur bedeutet Überlebensgröße, womit die Beschreibung Francesco Danieles bestätigt wird.[76] Willemsen, der die übertreibenden Maßangaben Shearers korrigiert, war in das gegenteilige Extrem verfallen und hatte die Überlebensgröße bestritten.[77] Vergleicht man den Faltenverlauf in der Zeichnung mit den erhaltenen Gewandpartien des Torsos, so ergeben sich in der Montage der beiden auseinandergesägten Hälften Unstimmigkeiten. Da, wo die Falten des Paludaments über der Brust in Schüsseln hängen, müßten sie in der Museumsaufstellung, wenn man sich den Verlauf über die zerstörten Partien hinweg ergänzt, dreieckig aufeinanderstoßen.[78] Offensichtlich fehlt ein senkrechter Streifen in der Mitte. Dieser Substanzverlust von mindestens 3 cm ist auf die grobe Zersägung zurückzuführen.[79] Daraus ergibt sich dann aber, wenn man den Schrägverlauf der Falten berücksichtigt, daß der rechte Block einige Zentimeter tiefer gesetzt werden müßte. Das entspräche dann der ersten Aufstellung des Torsos im 19. Jahrhundert. Die starke Erhöhung des linken Armes der Figur gegenüber dem rechten wäre dann wesentlich abgemildert und käme dem Bild nahe, das die Zeichnung vermittelt. Die Blöcke müßten also um einige Zentimeter auseinandergedrückt werden (vergleiche auch die Rekonstruktionsskizzen (Abb. 35). Um wieviel das rechte Fragment in der heutigen Montage zu hoch sitzt, ist anhand der Niveaulinien an den Ansätzen der Thronbank nachzuprüfen.[80] Wenn Willemsen die seitliche Ausladung des Thrones in Séroux's Wiedergabe bezweifelt, so hat er unrecht.[81] Rechts sind noch die Ansätze der Arkadendekoration zu sehen, links die rohe Fläche des abgemeißelten Bankteils.[82] Man erkennt auch die Horizontalgliederung und das Abschlußgesims, wie sie bei Séroux angedeutet sind. Es ist genau die Thronbank mit einer Gliederung durch Blendarkaden, die alle Siegel Friedrichs II. seit seiner Kaiserkrönung wiederholen (Abb. 36).[83] Wenn man sich den Ansatz der Blendarkade ergänzt, kommt man auf eine ursprüngliche Ausladung der Sitzbank, die der zeichnerischen Wiedergabe entspricht. Die flankierenden Löwen, die auf der Zeichnung Francesco di Giorgios (Abb. 30) zu sehen sind, müssen ursprünglich frei neben dem

36
Erstes Kaisersiegel Friedrichs II., 1220.

37
Büste Friedrichs II. im Museo Campano, Capua. Abguß nach der Sitzfigur durch Tommaso Solari.

Thron gestanden haben.[84] Befremdlich ist, daß die Falten der Arm-, Schulter- und Beinpartien in vollem Zuge von der glatten Rückseite abgeschnitten werden, so als hätte eine Säge eine vollrunde Figur ihres rückwärtigen Volumens beraubt. Ist eine mittelalterliche Skulptur an der Rückseite unbearbeitet, so pflegen die Falten an den Stellen, an denen die Sichtbarkeit nachläßt, allmählich zu verebben oder es bleibt bei Andeutungen im Stein, denen eine glättende Oberflächenbearbeitung fehlt. Warum ist es hier so anders? Vielleicht hat man die Figur bei der Entfernung von ihrem Standort im 16. Jahrhundert mit einem Sägeschnitt von ihrer Rückwand gelöst. Dabei wäre dann auch das Relief der Thronlehne, das in keinem der Siegelbilder (vgl. Abb. 36) fehlt, mit verloren gegangen. Soviel zur sachlichen Bestandsaufnahme, die den architektonischen Rahmen, die Begleitfiguren und die Deutung des Programmes ausklammert.[85] Es folgen einige Bemerkungen zu Typus und Stil des Bildwerks. Zum Typus gibt die Übereinstimmung der Throngliederung mit der der Kaisersiegel (Abb. 36) den entscheidenden Hinweis.[86] Punkt für Punkt läßt sich nachweisen, daß dieses offizielle Kaiserbild in den Grundzügen aus der flächigen Darstellung in die Dreidimensionalität übersetzt wurde. Eine Beziehung zum Siegelbild wurde bestritten, weil in diesem der Kaiser die Unterarme mit den Insignien nach rechts und links vom Körper abwinkelt.[87] Gerade das ist aber der Beweis: Die Arme sind in der zweidimensionalen Darstellung, um sie mit ihren Attributen deutlich und vollständig wiedergeben zu können, in die Fläche geklappt. Sinnvollerweise sind sie, wie man an der dreidimensionalen Skulptur nachprüfen kann, in einer Ausrichtung auf den Betrachter, also nach vorn zu denken. Das antikisierende Herrscherkostüm mit Tunika und Paludamentum stimmt überein, auch die schrägen Zerrfalten vom linken zum rechten Bein und der Gewandbausch, der sich vom linken Arm abhängend über das linke Knie legt.[88] Die Achsialität des Siegelbildes von 1220 ist im Kostüm der Statue allerdings dadurch aufgelockert, daß die Fibel, die das Paludamentum zusammenhält, von der Mitte zur rechten Schulter gewandert ist. Immer wieder ist die Jugendlichkeit des Kaisers im Siegelbild betont worden. Diese, die Bartlosigkeit und die halblangen, leicht gelockten Haare stimmen mit der Zeichnung (Abb. 33) und dem Abguß des Capuaner Kaiserbildes (Abb. 37) überein. Bleiben die Insignien. Die Krone der Siegelbilder ist wie in Capua eine Zackenkrone. Über die Attribute in den Händen haben wir keine sicheren Informationen. Es liegt aber nahe, daß die Statue ursprünglich wie die Kaisersiegel den Reichsapfel in der Linken und das Szepter in der Rechten gehalten hat. Wie aber

38 Büste Friedrichs II. im Museo Campano, Capua. Abguß nach der Sitzfigur durch Tommaso Solari.

verträgt sich das mit der erwähnten Beschreibung des Andreas von Ungarn, das Kaiserbild habe zwei Finger vorgestreckt?[89] Auch hier helfen die Siegel weiter. Auf ihnen bringt der Kaiser das Kunststück fertig, das schwere Szepter nur mit zwei oder drei Fingern der rechten Hand festzuhalten, während Zeige- und z. T. auch Mittelfinger ausgestreckt sind.[90] Die unbequeme Haltung wird meistens als Segensgestus interpretiert. Durch Andreas von Ungarn wissen wir aber, daß sich ein Betrachter des 13. Jahrhunderts durch die auf ihn gerichteten Finger drohend angesprochen fühlen konnte; ein fixierender Redegestus also. Die leichte Absenkung des rechten Armes ist wohl so zu erklären, daß das »Stellvertretende Bildnis« mit Hand und Fingern auf den Ankommenden wies, um die Ansprache des eingemeißelten Verses zu verstärken.[91] Eine rechtliche Konnotation dieses Gestus ist damit nicht ausgeschlossen.[92] Man kann die Siegelversion benennen, die dem Bildhauer in Capua als Ausgangspunkt seiner Gestaltung vorgelegen hat. Das früheste der drei Kaisersiegel (Abb. 36), geschnitten 1220 in Straßburg, legt den Typus fest. Das dritte aber, das von 1126 bis 1250 in Gebrauch war, weist die größte Ähnlichkeit mit dem Marmorbildnis auf.[93] So bedeckt das Paludamentum zwei Drittel der Brust, bei den übrigen Siegeln gerade die Hälfte. Wie in Capua ist der linke Arm (mit dem Reichsapfel) gegenüber dem rechten leicht erhöht. Deutlicher als in den früheren Siegelstempeln hängen in der Hüftpartie Faltenschlaufen der Tunika über den Gürtel, ganz so wie über die Gürtung der Kaiserstatue.

Merkwürdigerweise gibt es bisher kaum Äußerungen zum Stil der Statue außer allgemeinen Hinweisen zum Eindruck ihrer Antikennähe. In der Regel wird eine ästhetische Trennung vollzogen zwischen dem großartigen Torso (Abb. 32) und dem Abguß des Kopfes (Abb. 37), der die Erwartungen, die der Rumpf weckt, offenbar nicht erfüllt. Willemsen ging sogar soweit, von »einem Gefühl herber Enttäuschung« zu sprechen. Er fordert ein großartiges, durchgeistigtes und vom Schicksal gezeichnetes Antlitz. »Statt dessen sieht man sich dem Kopf eines jungen Mannes gegenüber, den ohne weiteres niemand als ein Werk des dreizehnten Jahrhunderts würde zu bezeichnen wagen ...« »Das ausdruckslose und unbedeutende Gesicht des Abgusses« stimmt jedoch in den Grundzügen so genau mit der Zeichnung nach dem Original (Abb. 33) überein, daß man es nicht einfach als »mittelmäßige Arbeit des Klassizismus« abtun kann.[94] Ohne hier die dornige Frage nach den Möglichkeiten des Porträts im 13. Jahrhundert aufwerfen zu wollen, liegt die Vermutung nahe, daß dieser Kopf weniger die Möglichkeiten der Bildhauer des 13. Jahrhunderts sprengt als vielmehr moderne Vorstellungen von der düsteren und tragischen Heldengestalt des Kaisers verletzt, der übrigens von arabischer Seite als von rötlicher Hautfarbe, kahl und kurzsichtig beschrieben wurde.[95] Die Kindlichkeit des

Ausdrucks mit gerundeten Wangen (vgl. Abb. 37) entspricht jedenfalls den Siegeln (Abb. 36) und widerspricht nicht dem Bild, das jene Augustalen vermitteln, die den antiken Profiltypus durch Eigenheiten bereichern und variieren.[96] Der »napoleonische« Eindruck geht wohl nicht nur auf die Zeit zurück, in der der Abguß angefertigt wurde, sondern ist zum großen Teil im Original angelegt: die Stirnfransen, der im Verhältnis zur Breite niedrige Schädel, das etwas breite Untergesicht, das in der Zeichnung zum Oval »geschönt« wurde, die herabhängenden Mundwinkel, die dem Gesicht einen mürrischen Ausdruck geben.[97] In der Seitenansicht (Abb. 37) zeigt sich deutlich der Ansatz eines Doppelkinns, wie auch im Profilstich von 1596 getreu wiedergegeben wurde.[98] Gerade Ladners Vergleich mit den offenen (= entschlossenen) und vielleicht deshalb idealisiert wirkenden Zügen des Bamberger Reiters (den er für ein Kryptoporträt Friedrichs II. hält), macht die Verschlossenheit des Kaiserkopfes als Eigenheit deutlich, die den Dargestellten kennzeichnen soll und im Sinne eines Porträts verstanden werden darf. Der Ausdruck der Augen in der Zeichnung (Abb. 33) differiert stark von dem, den der Abguß (Abb. 37) vermittelt. Nur eine leichte Asymmetrie, eine gewölbte rechte Braue und ein gerader Anstoß der linken an die Nasenwurzel sind hier wie dort festzustellen.[99] Das beweist aber, daß die Zeichnung und Solaris Abguß den gleichen Zustand wiedergeben. Mehr zu trauen ist dabei dem Abguß, denn die Zeichnung übertreibt den Abstand der Augen, die zudem zu weit aufgerissen erscheinen. Daß die Pupillen aber derart betont sind, wird durch eine entsprechende Gravierung, Bleifüllung oder Bemalung provoziert worden sein. Im Abguß ist von dieser, den Eindruck stark bestimmenden Einzelheit naturgemäß nichts zu sehen. Es gibt möglicherweise eine Entscheidungshilfe, die das Dilemma, ob die »klassizistischen« Anteile des Capuaner Abgusses dem mittelalterlichen Original oder einem Künstler des 18. Jahrhunderts zu verdanken sind, lösen kann: Wenn man den Atlant des Osterleuchters im Dom von Anagni vergleicht, der nach 1260 von dem Römer Vassalletto geschaffen wurde, erscheint der Kopf in seinem (wieder napoleonisch) anmutenden Klassizismus wie ein Reflex der berühmten Kaiserfigur in Capua.[100] Dabei ist durchaus mit der Möglichkeit zu rechnen, daß einzelne der Marmorbildhauer in Capua aus Rom kamen.[101] Der Atlant des Vassalletto könnte der Beleg für die Authentizität der klassizistischen Züge sein, die im Abguß zunächst so befremdet hatten.

Der Schluß aus diesen Beobachtungen ist also, daß der Kopf, wie er in Solaris Büste überliefert ist, im Großen und Ganzen dem Original entspricht. Es geht demnach nicht an, die Dekapitierung mit stilgeschichtlichen Mitteln nochmals zu exekutieren und künstlerisch zwischen Kopf und Rumpf zu trennen. Gegen die bisherige Meinung scheint mir die Formgestaltung in vieler

39
Trumeau-Madonna vom mittleren Westportal der Kathedrale von Amiens.

40
Fragment einer Sitzfigur (um 1230) in Besançon, Musée Municipal.

Hinsicht sogar typisch für eine bestimmte Phase hochgotischer Skulptur.[102] Noch konkreter: Wenn der Abguß als anonymes und ortloses Museumsstück zu bestimmen gewesen wäre, so wäre eine Beischrift »Original: Frankreich oder Oberrhein (?). Um 1230« anzuraten gewesen. Dort hat man die glatten, oft etwas kindlich wirkenden Gesichter mit gerader niedriger Stirn, schmaler gerader Nase, verhältnismäßig kleinen, oft mandelförmigen Augen, die relativ flach über den hohen Backenknochen liegen. Ein schmaler, oft wie zusammengepreßt wirkender Mund und halblange, gelockte Haare sind weitere Einzelheiten dieser geometrisch klaren Gesichtsstruktur französischer Hochgotik.[103] In der Großwerkstatt der Westportale der Kathedrale von Amiens (ab 1220) gibt es einige Köpfe, die dem von Capua verwandt sind. Der Kopf der Trumeau-Madonna und der des Kindes auf ihrem Arm (Abb. 39) zeigen, was ich damit meine. Wie »leitmotivisch« verbreitet dieser Kopftypus zwischen 1225 und 1230 in den französischen Kronlanden ist, mag die Archivoltenfigur einer Beatitudo vom Portalvorbau des Nordquerhauses der Kathedrale von Chartres verdeutlichen.[104] Was man bei dem Capuaner Kopf als Klassizismus bezeichnen könnte und was Buschhausen veranlaßt haben wird, das mittelalterliche Kaiserporträt dem des Augustus gegenüberzustellen, entspricht eher Straßburger Köpfen wie dem Engel mit der Sonnenuhr am linken Strebepfeiler des Südquerhauses.[105] Was ist zur künstlerischen Herkunft anhand des erhaltenen Torsos zu sagen? Das antikennahe Gewand (Abb. 32) ist nicht allein mit dem Hinweis auf die antikisierenden nordalpinen Siegelstempel und die campanische Tradition der Antikenrezeption erklärt.[106] Die Rezepte, mit denen der natürliche Fall des Stoffes, sozusagen die Luft zwischen Körper und Gewand suggeriert werden, sind eindeutig nordalpinen Ursprungs (vgl. Abb. 40): Haarnadel- oder Ösenfalten, vereinzelt auch Mulden in den Faltenstegen. Auffällig sind die feinen, schwungvollen Grate, die einen Eindruck von nassem Gewand wiedergeben. Dadurch und durch die Zerrfalten werden einzelne Körperpartien in ihrem körperlichen Volumen sehr betont. Um den zeitlichen und topographischen Rahmen für eine derartige Gestaltung anzugeben, müssen hier die Stichworte »Antikisierender Stil um 1200«, Nicolaus von Verdun, Sens, Paris, Chartres, Laon Reims, Montier-en-Der und – um 1230 an der Peripherie – Straßburg und Bamberg genügen.[107] Als Beispiel für solche Tendenzen in der Skulptur auf Reichsgebiet im dritten Jahrzehnt des 13. Jahrhunderts soll ein Torso aus Besançon (Abb. 40) und könnte genauso der des »Schreiberengels« vom Fürstenportal des Bamberger Domes gegenübergestellt werden.[108] Gemeinsam sind vor allem die wuchtige Plastizität, der Raum, den das Gewand schafft, auch der Eindruck, daß die Dynamik der Faltensprache zum Ausdrucksträger wird. Solches Insistieren auf plastischer Monumentalisierung

wird man im italienischen 13. Jahrhundert sonst kaum finden.[109] Vergleicht man die übrige erhaltene Skulptur des Brückentores, so findet man weder Gegenstücke zur Bildung des Kopfes noch eine ähnliche Körperlichkeit und raumhaltige Faltensprache. Schon die Zeichnung des Haares macht den Unterschied deutlich. Entweder hat man wie bei den Büsten der weiblichen Personifikation oder der Richter (Abb. 41) schmale Furchen wie mit dem Kamm in feinen Kurven gelegt und so eine ornamentale Wirkung erzielt oder man hat – wie bei den meisten Kopfprotomen – gleichmäßige und grobsträhnige Flammenlocken nebeneinandergesetzt.[110] Die Wirkung ist auch hier eher die eines Ornaments. Nun mag in der Feinzeichnung des Terrakotta-Abgusses manches nachgearbeitet sein. Der natürliche Fall der Locken, besonders in der Seitenansicht (Abb. 37), muß aber im Original angelegt gewesen sein. In schöner, aber wie zufällig erscheinenden Ordnung schauen die Stirnfransen unter dem Kronreif hervor. Das ist sehr weit entfernt von den rein linearen Mitteln der Begleitskulpturen. Gewand ist bei diesen nur am Oberkörper der Richterbüsten (Abb. 41) erhalten. Was sich eben über die Unterschiede der Haarbehandlung sagen ließ, ist ohne Abstriche auf deren Strukturierung der Stoffoberfläche zu übertragen. Die Faltenlinien der Richtermäntel gleichen Lamellen, die sich flach ineinander schieben. Sie bleiben an der Oberfläche und ordnen sich ornamental auf ein Zentrum hin.
Solche Gegensätze sind nicht durch unterschiedliche Vorbilder zu erklären oder aufzuheben. Sie sind strukturell und zeigen, daß hier Bildhauer mit ganz unterschiedlicher Ausbildung und Erfahrung zusammentrafen. Der Schluß, daß die Figur des Kaisers und nur diese von einem Bildhauer aus dem Norden geschaffen wurde, scheint mir deshalb naheliegend. Der Künstler muß dabei durchaus nicht unmittelbar aus einer der französischen Kathedralbauhütten stammen. Ohne einen Nachweis führen zu können, denke ich eher an den Straßburger Umkreis, von wo wahrscheinlich auch die kaiserlichen Siegeltypare bezogen wurden. Vielleicht ist uns mit der monumentalen, thronenden Herrscherstatue (Salomo?) zwischen den Portalen des Straßburger Südquerhauses das Simile der Capuaner Kaiserfigur in der französischen Revolution verlorengegangen.[111] Falls so ein Künstler von weither für diese Aufgabe berufen wurde, möchte man annehmen, daß er als der bildhauerische »Hauptmeister« auch andere Werke an der Fassade geschaffen hat und den übrigen seinen Stempel aufgedrückt hätte. Das ist aber keineswegs der Fall. Nach dem Erhaltenen zu urteilen, gibt es keinerlei Austausch, weder in der einen noch in der anderen Richtung. Hat man die Figur also in der Fremde in Auftrag gegeben und quasi importiert? Schon das Material, Marmor, spricht dagegen. So muß man annehmen, daß der fremde Anonymus in Capua nur für dieses Werk gerufen wurde und nach der Fertigstellung wieder zu anderen

Aufgaben abgereist ist.[112] In der Plastizität der antikisierenden Gewandung allenfalls vergleichbar erscheint mir die kopflose Büste, die bei Grabungen vor dem Hauptportal von Castel del Monte gefunden wurde und die seitdem im Museum von Bari aufbewahrt wird. Wahrscheinlich gehörte sie zu einer Porträtgruppe Friedrichs und seiner Söhne in den oberen Partien des Portals.[113]
Warum man die Kaiserfigur nicht einem der ausgezeichneten Bildhauer anvertraute, die sonst am Brückentor arbeiteten, sollte produktive Verwunderung auslösen.[114] Es ist möglich, daß die Modelle künstlerischer Beeinflußung, Zentrum – Peripherie, Bildung von Schulen, Konkurrenz, Zitat, Resistenz etc. ergänzt werden könnte durch ein Modell von Kompetenzen in Spezialaufgaben, besonders bei Hofe. Akzeptiert man die These der »Sonderfertigung« des Kaiserbildes, so muß man weiter schließen, es sei diesem und nur diesem Bildwerk der Capuaner Torfassade eine solche Wichtigkeit zu- gemessen worden, daß es aus der Verantwortung der dort tätigen Bildhauerhütte herausgenommen wurde. Wäre hier ein »Hof-Imageur« des Kaisers zu entdecken?[115]

Schlußwort zur Deutung

Ich möchte den Bogen schließen. Das Relief in Bitonto hatte uns die Not eines Bildhauers auf unbekanntem Terrain, d. h. mit einem neuartigen, nicht religiösem Thema gezeigt. Die Deutungsbemühungen zum Reliefprogramm der Porta Capuana zeigen uns etwas ganz ähnliches: die Not der MediävistInnen auf dem unbekannten Terrain profaner Herrschaftsikonographie in der Monumentalskulptur.[116] Anstatt die Inschriften und zeitgenössischen Berichte ernst zu nehmen und auf die Funktion zu schließen, hat man Ausschau nach Gewohntem gehalten. Zwangsläufig führte das in eine sakralisierende Tendenz der Interpretation.[117]
Was sagt das Tor selbst? Die weibliche Personifikation, sei sie nun Iustitia oder Capua, stellt sich als Wächterin des Königreichs vor (vgl. Abb. 30). Sie ist es auf Geheiß des Kaisers. Die beiden Richter führen aus, was mit der Wächterfunktion konkret gemeint ist. Der eine, der zu unserer Linken, verkörpert das Positive: »Sicher schreite hindurch, wer fehllos zu leben gewillt ist.« Der rechte droht mit Strafe: »Doch der Untreue fürcht' Bann und im Kerker den Tod.« Schließlich der Kaiser selbst mit seiner deutlichen Warnung an mögliche Verräter: »Stürzen werd' ich in Schmach, die ich veränderlich weiß.« Umgeben waren diese sprechenden Figuren von weiteren, die möglicherweise z. T. zu einem Tugendprogramm gehörten. Nur eine von ihnen ist aus der

41 »Richterbüste« von der Porta Capuana, Museo Campano in Capua.

Zeichnung des Francesco di Giorgio (Abb. 30) zu erschließen. Es ist offensichtlich die kleinformatige Statue einer Diana mit Hund. Gustina Scaglia hat sie überzeugend mit dem Torso einer entsprechenden Statuette im Museum von Capua identifiziert.[118] Außerdem gab es wahrscheinlich noch im Inneren des Tores Reliefs, in denen die kaiserlichen Siege in irgendeiner Form dargestellt worden waren.[119] Die moderne Bezeichnung Triumphtor wäre dann tatsächlich in der Funktion des Gebäudes mitangelegt. Nach außen die Drohung, innen für die Hindurchschreitenden die Demonstration der Macht und des Ruhmes.[120] So weit so gut.
Die Aura des mittelalterlichen Herrschers, insbesondere die Friedrichs II. verlangte aber nach mehr. Etwas Verborgenes und zugleich Höheres, Allgemeineres. Was man in die Überlegung seit Schramm und Kantorowicz miteinbeziehen sollte und was Willemsen überzeugend dargelegt hat, ist die Begründung von Friedrichs Herrschaft durch das Recht. Iustitia, im Herrscher verkörpert, als Staatsidee. Die Dominanz des Rechtsgedankens zeigt sich auch im Programm des Tores in Capua. Insofern ist die Ebene der drohenden Aussprache an den, der das Reich hier betreten will, und die allgemeine Ebene einer Herrschaftsideologie eng miteinander verzahnt.
KunsthistorikerInnen waren damit aber nicht zufrieden. Irgendetwas fehlte. Alles war so neu und ungewohnt. Da wurde geradezu erleichtert eine Stelle aus den Gesta Romanorum, einer erbaulichen Geschichtensammlung aus dem 14. Jahrhundert herauszitiert, die alles wieder ins Lot brachte. Dort heißt es nämlich über die Kaiserfigur am Capuaner Tor, sie bedeute Christus. Endlich auf vertrauten Gleisen schwenkten viele ein auf diesen Kurs. Das Programm spiele auf das Weltgericht an. Der Kaiser spiegele sich im apokalyptischen Geschehen. Die Torfassade paraphrasiere die Formen und das Programm einer französisch-gotischen Kathedralfassade. Die jüngste Deutung geht so weit, in der weiblichen Personifikation mit Weinlaubkranz und ehemals einem Adlerfürspan an der Brust ein Bildnis der Maria sehen zu wollen.[121]
Meiner Ansicht nach führen solche Spekulationen in die Irre. Liest man die Gesta Romanorum genauer, schließt sich jeder der bunten Geschichten eine Moralisatio an, wie sie im 14. Jahrhundert beliebt war. So bedeutet z.B. der heidnische Kaiser in der Legende von den drei Statuen ebenso Christus, wie unsere Figur vom Brückentor und wird mit den gleichen Worten moralisiert »Carissimi, iste imperator est dominus noster Ihesus Christus etc«. Natürlich hat der Autor der Gesta Romanorum das Capuaner Brückentor niemals gesehen. Er hat seine Beschreibung, leicht verkürzend, aus dem erwähnten Schachzabelbuch des Jacobus de Cellolis abgeschrieben. Neu ist seine fromme Ausdeutung. Das bedeutet nicht nur das Kaiserbild Christus, sondern die beiden bärtigen Richter darunter sind Maria (!) und Johannes.

Ganz offensichtlich muß das Ungewohnte, die profane Dreiecksgruppierung auf dem Weg der Analogie und Formenassoziation von einer gewohnteren Konfiguration eingefangen werden: Christus und Deesis oder Kruzifix mit Maria und Johannes.

In den Texten aus Friedrichs Kanzlei mag der Kaiser noch so häufig mit Christus oder biblischen Personen verglichen worden sein, aus den fast ein Jahrhundert später entstandenen Gesta Romanorum darf man nicht den Schluß ziehen, etwas ähnliches sei auch mit der Torfassade beabsichtigt gewesen. Wie solche Vermischung mit der Tradition religiöser Darstellung ausgefallen wäre, hat uns das Relief von Bitonto gezeigt. Viele KunsthistorikerInnen gehen offenbar noch heute mit dem Ungewohnten so um wie der Bildhauer in Bitonto und der Autor der Gesta Romanorum, indem sie es gewohnten Formen bzw. Deutungsmustern unterwerfen.

Je deutlicher man diesen, gewiß verständlichen Hang zum Gewohnten, diese Einordnungsliebe auch in der Rezeptionsgeschichte als solche kenntlich macht, desto deutlicher wird die Kühnheit der Aufgabenstellung des Capuaner Tores und seiner Skulptur.

Der Referenzpunkt der neuen Idee ist allerdings antike Repräsentationskunst nur in einem sehr allgemeinen Sinn. Was entstanden ist, hat eher den Charakter einer Fiktion der Antike; allerdings mit großzügigen Mitteln und den kompetensten Kräften, die zur Verfügung standen oder berufen werden konnten. Struktur und Einzelformen der Torfassade in der Zeichnung Francesco di Giorgios erinnern mich eher an Villard de Honnecourt's bekannte Nachzeichnung eines antiken Grabaufbaus (»sepouture d'un sarrazin«) als an irgendein nachweisbares antikes Monument.[122] Diese Schicht einer rivalisierenden Auseinandersetzung mit der Antike in den Köpfen dieser Zeit aufzudecken, scheint mir ein aussichtsreicher Weg künftiger Erforschung der Kunst unter Friedrich II., gerade wenn man den hier vorgeschlagenen Paradigmenwechsel von 1231 für Süditalien ernsthaft prüfen will. Antje Middeldorf Kosegarten hat derartiges schon vorgedacht, wenn sie die verblüffenden Unterschiede der Porträts Friedrichs II. (z. B. in den Augustalen) als fiktive »Legitimationsporträts« in Anlehnung an Bildnisse des Augustus, Alexanders, Caesars und Hadrians deutet.[123] Gleichzeitig macht sie deutlich, daß die dabei geprägten, sowohl realistisch als auch antikennah wirkenden Formen noch um 1315 aufgegriffen wurden und als ghibellinisch ausgewiesen waren. Untertanen und Nachbarn werden die neue unvertraute Sprache der Herrscherrepräsentation vermutlich als Anmaßung und Bedrohung empfunden haben, eher jedenfalls als die Darstellung an der Kanzel von Bitonto.

Das, was uns gewöhnlich als Stilwechsel oder quasi naturgewollte Renaissance der Antike, jedenfalls als Kunst erscheint, ist von den Zeitgenossen wohl eher als unverhüllter Ausweis eines besonderen und unheimlichen Herrscherehrgeizes gesehen worden, der nicht nur in den Formen der Kunst viele Gewohnheiten verlassen und Grenzen durchbrochen hat. Haben die neuen Modi und Normen gehalten, was sich ihr Initiator von ihnen versprach? Wie sehr er die Akzeptanzmöglichkeiten seiner Zeit überstrapazierte, ist, da diese Kunst in der Landschaft selbst nicht Fuß fassen konnte und mit dem Ende der staufischen Herrschaft verlöschte, unschwer nachzuprüfen.

Anmerkungen

1 Zustand und Restaurierungsgeschichte der Kanzel ausführlich bei Roswitha Neu-Kock, Das Kanzelrelief in der Kathedrale von Bitonto, in: Archiv für Kulturgeschichte, 60, 1978, S. 253-267.

2 Diese Kleidung ist übrigens die nach französischer Mode, auch die Haltung entspricht der nordalpinen Adelskonvention. Die künstlerische Gestaltung läßt davon nichts spüren: eine Gotik ohne Gotik.

3 Dieser Figur scheint allerdings etwas in gotischen Schwung gebracht worden zu sein. Auffälligerweise ist das Gewand länger und wirft – fast wie bei einem Frauenkleid – bewegte Säume über die Füße.

4 Herzen und Löwenmasken gehören zu einer Emblematik, die bisher nicht geklärt, nicht einmal beachtet wurde.

5 H.W. Schulz, Denkmäler der Kunst des Mittelalters in Unteritalien, Dresden, 1860, S. 76f.

6 Das Relief mit Michael und darunter der Anbetung in der Burgkapelle des Hohenzollern bei Hechingen wird um 1120 datiert. Konrad Hoffmann, Bemerkungen zum Michaelsrelief der Zollernburg, in: Jahrbuch der staatlichen Kunstsammlungen Baden-Württembergs, 5, 1968, S. 7-20. Hoffmann interpretiert die Darstellung als Ekklesia, der die drei Erdteile huldigen. Etwa eine bisher unerkannte Möglichkeit im Interpretationsspektrum des Reliefs in Bitonto? Formal durchaus zu vergleichen ist die Haltung der Gekrönten in beiden Reliefs, besonders die kugeligen Gefäße und die herzförmigen Konsolen.

7 A. Venturi, Storia dell'arte Italiana II, Milano, 1902, S. 553.

8 H. Decker, Italia romanica, München 1958, S. 322. Welchen Grund hat aber Herodes, sein Szepter weiterzugeben?

9 P. Schubring, Bischofsstühle und Ambonen in Apulien, in: Zeitschrift für Christliche Kunst, 13, 1900, S. 203.

10 A. Avena, Monumenti dell'Italia meridionale, Roma, 1902, S. 87.

11 E. Bertaux, L'art dans l'Italie méridionale, Paris 1904, S. 456f.

12 G. Mongiello, La cattedrale di Bitonto, Caserta 1952, S. 30.

13 V. Aquafredda, Bitonto attraverso i secoli, Bitonto 1937, S. 85.

14 A. Prandi, Un documento d'arte federiciana. Divi Federici Caesaris Imago, in: Rivista dell'Istituto Nazionale d'Archeologia e Storia dell'Arte, 2, 1953, S. 272. Er sah eine physiognomische Ähnlichkeit mit dem Kopf von Lanuvio und anderen angeblichen Friedrich-Porträts. Sein Argument hat allerdings niemanden wirklich zu überzeugen vermocht.

15 Das hatte bisher nur Avena (wie Anm. 10) in seinem Benennungsversuch berücksichtigt.

16 H.M. Schaller, Il relievo dell'ambone della cattedrale di Bitonto. Un documento dell'idea imperiale di Federico II, in: Archivio Storico Pugliese, 13, 1960, S. 40-60; hier zitiert nach der Erstveröffentlichung in deutscher Sprache: Das Relief an der Kanzel der Kathedrale von Bitonto: Ein Denkmal der Kaiseridee Friedrichs II., in: Archiv für Kulturgeschichte, 45, 1963, S. 295-312. Der sermo des Nikolaus wurde zuerst veröffentlicht von Rudolf M. Kloos, Nikolaus von Bari, eine neue Quelle zur Entwicklung der Kaiseridee unter Friedrich II., in: Deutsches Archiv, 11, 1954/55, S. 166-190.

17 Etwas störend ist, daß der sprichwörtliche Barbarossa glatt rasiert erscheint.

18 Neu-Kock wie Anm. 1. Auch David wird als König in der Regel bärtig wiedergegeben. Obwohl ich einer anderen Benennung zuneige (siehe unten), möchte ich ein Argument zugunsten Davids nachliefern. Nach dem »Liber ad honorem Augusti« (Bern, Burgerbibliothek ms. 120) des Petrus von Eboli hatte Heinrich VI. die Räume seines Palastes in Palermo mit Szenen aus der Genesis und dem Alten Testament ausmalen lassen und dabei einen Raum David gewidmet. Es schloß sich dann aber auch ein Raum mit einer Ausmalung mit Kriegstaten und dem Tod Friedrich Barbarossas an. Die beigefügte Illustrationsseite reproduziert in Kurzform dieses Freskenprogramm. Im kulturgeschichtlichen Kontext hat darüber gehandelt Joachim Bumke, Höfische Kultur. Literatur und Gesellschaft im hohen Mittelalter, dtv 1986, S. 648ff.

19 H. Thelen, Ancora una volta per il rilievo del pulpito di Bitonto, in: Federico II. e l'arte del Duecento Italiano. Atti della terza settimana di studi di storia dell'arte medievale dell'Università di Roma (1978). Galatina 1980 I, S. 217-226. Ein möglicher (aber schwacher) Einwand gegen Thelen: Bei der Durchmusterung des Liber ad honorem Augusti des Pietro di Eboli ist mir aufgefallen, daß Heinrich VI. in einer Vielzahl anderer Darstellung mit »männlichen« Kronenformen mindestens zweimal auch eine Krone mit derartigen Perlenspitzen trägt. Wenn selbst in diesem Werk nicht zwischen den Kronentypen unterscheiden wird, wäre ein derartiges Versehen prinzipiell auch in Bitonto denkbar.

20 Das kommt als Ausnahme allerdings auch bei der seltsam verweiblichten Figur des Salomo am Dreikönigsschrein vor. Siehe P.C. Claussen, Zum Stil der Plastik am Dreikönigenschrein. Rezeptionen und Reflexionen, in: Kölner Domblatt, 42, 1977, S. 7-42, S. 27.

21 Ob die Thronende auch so schwer gegürtet ist wie die drei Stehenden, konnte ich nicht nachprüfen.

22 C.A.Willemsen, Die Bildnisse der Staufer (Schriften zur staufischen Geschichte und Kunst 4) Göppingen 1977, Abb. 54, mit dem dritten Wachssiegel aus der Kaiserzeit Friedrichs II.

23 Siehe Thelen (wie Anm. 19). Erinnert sei an die Personifikationen der Provinzen in den ottonischen Herrscherbildern. Immerhin läßt sich die thronende, gekrönte Synagoge als Stadtgöttin von Jerusalem auch in einer frühmittelalterlichen Darstellung nachweisen: im karolingischen Elfenbeindeckel des Perikopenbuches Heinrich VII. in München.

24 Er war im Frühsommer 1229 von den syrischen Baronen zum König von Jerusalem ausgerufen worden. Der Kaiser, der sich die Krone zuvor (am 18. März) schon selbst aufs Haupt gesetzt hatte, sollte die Vormundschaft führen. Siehe Schaller (1963) wie Anm. 16 mit Nachweisen.

25 Siehe Anm. 16 und Anm. 1.

26 Möglicherweise gab es einmal eine klärende Beischrift. Schaut man nämlich genau hin, so ist die einzige Stelle des Reliefgrundes, die nicht von Pflanzenschlingen bedeckt ist, ein rechteckiges Feld rechts neben dem Kopf der Thronenden. Das tafelähnliche Feld trug möglicherweise eine gemalte Aufschrift. Heute erkennbar ist nichts.

27 Der Aspekt der neuen Herrschaft über Jerusalem spielt auch in der Predigt des Nikolaus eine große theologische und politische Rolle.

28 Für uns ein heilsames Exempel, daß es Kunst gibt, die gerade durch ihre Konformität, in dem Moment, in dem sie einen neuen Inhalt transportieren soll, dunkel und unverständlich wird. Dasselbe sagt man von den Texten, die in dieser Zeit in der Kanzlei Friedrichs II. produziert werden. Sie übersteigern die eingeschliffenen rhetorische Modelle eines Herrscherlobs im Spiegel eines göttlichen Paradigma. Sie tun das in einem stilus supremus, im höchsten feierlichsten, kompliziertesten Rede- bzw. Schreibstil. Ich weiß nicht, ob dieser höchsten Stillage irgendetwas in der bildenden Kunst entspricht. Ausgeschlossen ist es nicht, daß im Reichtum von Nikolaus' Kanzel, in den komplizierten Wendungen seiner Ornamentik etwas ähnliches gewollt ist. Wenn wir von einem stilus supremus in der bildenden Kunst des staufischen Süditaliens sprechen können, dann erfüllt eher die Fassade der Porta Capuana und ihre Skulptur diesen höfischen Anspruch. Er ist Selbstdarstellung des Herrschers durch das Paradigma antiker Macht und Größe.

29 Beat Brenk hat im Rahmen der Diskurse zur Geschichte der europäischen Bildhauerkunst (Frankfurt, Liebieghaus 1991/92) in einem Referat »Das Skulpturenprogramm am Brückentor in Capua: ein Werk der friederizianischen Hofkunst?« das Programm als das des kaiserliche Auftraggebers analysiert. Siehe auch Beat Brenk, Antikenverständnis und weltliches Rechtsdenken im Skulpturenprogramm Friedrichs II. in Capua, in: Musagetes. Festschrift für Wolfram Prinz, Berlin 1991, S. 93 - 103.

30 Der folgende Abschnitt (bis zum Schlußwort) ist in knapperer Form und mit reicherem Abbildungsteil unter dem Titel »Die Statue Friedrichs II. vom Brückentor in Capua (1234 bis 1239). Der Befund, die Quellen und eine Zeichnung aus dem Nachlaß von Séroux d'Agincourt«. schon veröffentlicht worden in: Festschrift für Hartmut Biermann, hrsg, von C. Andreas u. a., Weinheim 1990, S. 19-39. Für freundliche Hilfestellung bei der Besorgung von Bildvorlagen sei Frau Beatrice Markau (Frankfurt), Herrn Dr. Karl-Heinz Rueß (Göppingen) und Herrn Dr. Horst Schäfer-Schuchardt gedankt.

31 C. A. Willemsen, Kaiser Friedrichs II. Triumphtor zu Capua, Wiesbaden 1953, S. 34, Anm. 120. Es würde wahrscheinlich lohnen, den Flußgrund in diesem Areal der Brücke abzusuchen. Für alle bauarchäologischen Fragen nach wie vor grundlegend C. Shearer, The Renaissance of Architecture in Southern Italy, Cambridge 1935.

32 J.-B. Séroux d'Agincourt, Histoire de l'art par les monuments. Sculpture, IVe Partie, Paris 1823, pl. XXVII, no. 4. Daß der Stich, der wie ein Holzschnitt wirkt, immer wieder Zeichnung genannt wurde, ist wohl auf die flüchtige und summarische Art der Linienführung zurückzuführen.

33 H. Loyrette, Séroux d'Agincourt et les origines de l'histoire de l'art médiéval, in: Revue de l'art 47, 1980, S. 40ff.

34 Die Nachrichten sind zusammengestellt bei Willemsen (wie Anm. 31), S. 34f. Danieles Notiz veröffentlicht von G. Della Valle, Lettere sensesi di un socio dell'Accademia di Fossano sopra le Belli Arti. Tom. I, Venezia 1782, S. 201: »Io non solo delinear questa Statua, ma feci ancor formare dal bravo Scultore Tommaso Solari Genovese morto qui al di servizio di S. M., ch'io solea chiamar il Bernini di nostra età; ed opera di lui è parimente il busto di Federigo, che nel mio gabinetto io serbo«. H. Buschhausen, Das Altersbild Kaiser Friedrichs II., in: Jahrbuch der Kunsthistorischen Sammlungen Wien 70, 1974, S. 7-38, 20f, Abb. 12, 13 ist der Hinweis zu verdanken, daß der gleiche Solari für die Personifikation »Königliche Majestät« im Treppenhaus des Palazzo Reale in Caserta einen Kopf- und Kronentypus gewählt hat, der Erinnerungen an den Abguß des Kaiserkopfes wachruft.

35 Ernst Langlotz (vgl. Anm. 37) hatte sie 1938 bei einem Nachfahren Danieles wiedergefunden und photographiert. Irrtümlich vermutete er, die Büste sei 1943 beim Luftangriff auf Capua im

Museum zerstört worden. Vorher war ein Abguß gemacht worden, der die Einzelheiten leicht vergröbert. Gian Lorenzo Mellini und C. A. Willemsen haben aber darauf aufmerksam gemacht, daß die Büste in der Bibliothek neben dem Museum unversehrt erhalten ist. G. L. Mellini, Appunti per la scultura federiciana, in: Comunità 32 (179) 1978, S. 235ff, S. 309, Anm. 43. Siehe C. A. Willemsen, La porte triomphale de Capoue. Fréderic II. et l'antiquité, in: Aggiornamento dell'opera di Emile Bertaux sotto la direzione di Adriano Prandi, Roma 1978, S. 923-28, 928.

36 Ob der Bildhauer sich dabei der Abgußformen bediente und daraus ein geglättetes Bildnis formte oder ob das Werk eine freie Nachschöpfung ist, deren Maße nicht unbedingt mit dem Original übereinstimmen müssen, ist bisher nicht diskutiert worden. Die Argumente, die ich beibringen kann, sprechen für eine verhältnismäßig große Originaltreue. Siehe dazu unten.

37 Das Befremden über den glatten, »napoleonisch« anmutenden Kopf und die Enttäuschung, daß dieser so wenig dem heroischen Bild entspricht, das man sich von dem »stupor mundi« gemacht hatte, hat am deutlichsten formuliert Ernst Langlotz, Das Porträt Friedrichs II. vom Brückentor in Capua, in: Beiträge für Georg Swarzenski, Berlin 1951, S. 45ff. Ferner G. von Kaschnitz-Weinberg, Bildnisse Kaiser Friedrichs II., in: Mitteilungen des Deutschen Archäologischen Instituts, Rom, Abt. 60/61. 1953/54, S. 1ff und 62, 1955, S. 1ff; auch Willemsen (wie Anm. 31), S. 34ff; O. Morisani, Considerazioni sulle sculture della Porta di Capua, in: Bolletino di storia dell'arte. Salerno 2, 1952, S. 1ff; 3, 1953, S. 1ff, 67ff; J. Dörig, Ritratti dell'Imperatore Féderico II., in: Rivista d'arte ser. 3. 5, 1955, S. 65ff; P. E. Schramm, Kaiser Friedrichs II. Herrschaftszeichen. Mit Beiträgen von J. Déer und O. Källström (Abhandlungen der Akademie der Wissenschaften in Göttingen. Phil.-Hist. Klasse 3. F. Nr. 36) Göttingen 1955, S. 125-131; E. Battisti, Rinascimento e Barocco, Torino 1960, S. 16ff; F. Bologna, I pittori alla corte angioina di Napoli, Roma 1969, S. 28ff; H. Keller, Das Nachleben des antiken Bildnisses von der Karolingerzeit bis zur Gegenwart, Freiburg/Basel/Wien 1970, S. 82ff; H. Buschhausen, Altersbild (wie Anm. 34), S. 18ff; M. Cordaro, La porta di Capua, in: Annuario dell'Istituto di Storia dell'Arte (Università degli Studi di Roma) 1974-77, S. 41-63; Willemsen, Bildnisse (wie Anm. 22), S. 26f; H. Buschhausen, Probleme der Bildniskunst am Hof Kaiser Friedrichs II. in: Stauferzeit. Geschichte, Literatur, Kunst, hrsg. von R. Krohn, B. Thum, P. Wapnewski (Ergebnis der Karlsruher Staufertage 1977), Stuttgart 1978, S. 220ff; J. Poeschke, Zum Einfluß der Gotik in Süditalien, in: Jahrbuch der Berliner Museen 22, 1980, S. 91-119, 98ff; P. E. Schramm, F. Mütherich, Denkmale der deutschen Könige und Kaiser. Ein Beitrag zur Herrschergeschichte von Karl dem Großen bis Friedrich II. 760-1250, München [2]1981, S. 193f; Gustina Scaglia, La »porta delle torri« die Féderico II. a Capua in un disegno di Francesco di Giorgio (I), in: Napoli Nobilissima 20, 1981, S. 203-221, (II) 21, 1982, S. 123-134; G. Ladner, Die Anfänge des Kryptoporträts, in: Von Angesicht zu Angesicht. Festschrift M. Stettler zum 70. Geburtstag, Bern 1983, S. 78ff, S. 85ff; A. Giuliano, Il ritratto di Féderico II.: gli elementi antichi, in: Xenia, 5, 1983, S. 63-70; H. Buschhausen, Die Rezeption der Antike und der Einbruch der französischen Gotik in der unteritalienischen Plastik des 13. Jahrhunderts, in: Scritt di storia dell'arte in memoria di Mario Rotili, Napoli 1984, S. 201–209; M. V. Schwarz, Höfische Skulptur im 14. Jahrhundert. Entwicklungsphasen und Vermittlungswege im Vorfeld des Weichen Stils, Worms 1986, S. 21-26; J. Meredith, The Revival of the Augustan Age in the Court Art of Emperor Frederick II., in: Artistic Strategy and the Rhetorik of Power. Political Uses of Art from Antiquity to the Present, ed. by D. Castriota, Southern Illinois University 1986, S. 39-56, 190-192; K. Fittschen, Sul ruolo del ritratto antico nell'arte italiana, in: Memoria dell'antico nell'arte italiana, hrsg. von S. Settis, Bd. II, Turin 1985, S. 381-412, S. 381ff; F. Bologna, Cesaris Imperio Regni Custodia fio: La porta di Capua e la „Interpretatio Imperialis" del Classicismo, in: Nel segno di Federico II., Napoli 1989, S. 159-192; A. Middeldorf Kosegarten, Grabmäler von Ghibellinen aus dem frühen Trecento, in: Skulptur und Grabmal des Spätmittelalters in Rom und Italien (Akten des Kongresses »Scultura e monumento sepolcrale del tardo Medioevo a Roma e in Italia 1985«), hrsg. von J. Garms und A. M. Romanini, Wien 1990, S. 317-329, 320f.

38 Dem Profilkopf des Kaisers, der in der sog. »Raumerschen Gemme« erhalten ist und im 19. Jahrhundert vielfach reproduziert wurde, kommt kein eigener Zeugiswert in Bezug auf das Original zu. Er wurde für Daniele von Giovanni Battista Bertioli nach Solaris Büste in Stein geschnitten. Dazu zuletzt Buschhausen 1978 (wie Anm. 37), S. 221.

39 Dazu Willemsen (wie Anm. 31), S. 35, Anm. 110ff; auch Shearer (wie Anm. 31, S. 23ff. Scipione Sanelli, Annali della Città di Capua (Ms. in der Bibl. Com. in Capua) f. 97v: »... et selle faccino de mani et piedi che tiene tronchi di relevo di marmo conveniente et selle accomodi il naso et ogni altro membro che tiene guasto«. Dafür wurden Giuseppe di Lazzaro und Orazio Carrara bezahlt.

40 Daniele in: Della Valle (wie Anm. 34), S. 200: »... Imp., che sebben tronca delle mani e piedi e in altre parti del corpo danneggiata dal tempo, se non pure dalla stolidità degli uomini«.

41 Andrei Ungari Descriptio victoriae Karolo Provinciae comite reportatae. Mon. Germ. Script. Tom. XXVI, 559-580, 571 »... construxit ibique suam ymaginem in eternam et immortalem memoriam sculpi fecit, extensis brachiis duobusque digitis, quasi os tumide comminacionis versiculos intonantem, quia etiam ibidem ad metum transeuntium ac eorum quibus recitantur sunt consculpti:
Cesaris imperio regni custodia fio,
Quam miseros facio quos variare scio;
Intrent sicuri qui querunt vivere puri.
Infidus excludi timeat vel carcere trudi«.
Siehe auch Willemsen (wie Anm. 31), S. 5, Anm. 3. Seine Übersetzung ist kraftvoll, aber in manchen Einzelheiten irreführend. Hier ist nur seine Übertragung der Inschriftverse übernommen. Für Hilfestellung bei der Übertragung des einleitenden Satzes danke ich Peter Jezler.

42 Zur Bildwirkung gehört auch der drohende Zeigegestus, durch den sich Andreas von Ungarn offenbar besonders angesprochen fühlte. Dazu weiter unten.

43 Auch wenn Andreas von Ungarn erst 16 Jahre nach dem Tod Friedrichs schreibt, mag er das, was er beschreibt, noch selbst erfahren oder authentisch erzählt bekommen haben.

44 F. Vetter, Das Schachzabelbuch Kunrats von Ammenhausen nebst den Schachbüchern des Jakob von Cessole und des Jakob Mennel, in: Bibliothek älterer Schriftwerke der Deutschen Schweiz. Supplement, Frauenfeld 1892, S. 663ff (Solacium ludi scacorum sive liber de moribus hominum); G.F. Schmidt, Das Schachzabelbuch des Jacobus de Cessolis O.P. in mittelhochdeutscher Prosa-Übersetzung (Texte des späten Mittelalters 13) Berlin 1961, S. 7ff mit der Datierung 1275. Diese ist nach den bisher bekannten biographischen Nachrichten über Jacobus, der zwischen 1288 und 1322 in Genua nachzuweisen ist, vorher aber in einem anderen dominikanischen Konvent lebte, sehr früh. Vorsichtiger sollte man von einer Entstehung im letzten Viertel des 13. Jahrhunderts sprechen. R.D. Di Lorenzo, The Collection Form and the Art of Memory in the Libellus super »Ludo Schachorum« of Jacobus de Cessolis, in: Medieval Studies 35, 1973, S. 205-231 datiert erst um 1300. Zur Biographie und zu den Hunderten von erhaltenen Handschriften siehe Th. Kaeppeli O.P., Scriptores Ordinis Praedicatorum Medii Aevi II Rom 1975, S. 311ff. Ich bin auf das Werk des Jacobus de Cessolis gestoßen durch eine Notiz bei Dörig (wie Anm. 37).

45 Da eine kritische Edition fehlt, ist der Text zitiert nach Vetter (wie Anm. 44) S. 667f, wobei in den Klammern Textvarianten aufgeführt sind: »Inperator (sic) Fridericus sedens (auch: secundus und unus. Secundus wird im Originaltext gestanden haben) apud Capua (Capuam und Capernam) civitatem super pontem aque, que circa ipsam defluit, portam marmoream miro opere construxit, in qua (quo opere und quo) ipse in pariete (imperator) sedens maiestatem pretendens sculptus est; a dextris uno (vero) et a sinistris duo iudices assessores sculpti sunt, in semicirculo uno (vero) capitis iudicis dextri talis versus scriptus est:

Intrent secreti (securi), qui querunt vivere puri. In semicirculo capitis iudicis sinistri est hic versus: Invidus (perfidus und infidus) excludi timeat vel carcere trudi (cludi).
In semicirculo autem totius porte (est) hic versus:
Cesaris imperio regis (regni) custodia fio.
In semicirculo autem super caput regis (est) hic versus:
Quam miseros facimus (facio), quos variare scio!«

46 Willemsen (wie Anm. 31) S. 45 hatte stillschweigend und ohne Grund angenommen, daß dieser Vers ebenfalls um das Haupt der weiblichen Personifikation geschrieben stand. Auf dem Beiblatt der Wiener Zeichnung ist tatsächlich nur »Cesaris imperio regni custodia fio« um den mittleren Tondo geschrieben. Nach Jacobus de Cessolis stand dieser Vers »in semicirculo totius porte«. Da Sanelli aber diese Worte mit der weiblichen Büste in Verbindung bringt (ove in su la testa era tale motto: Cesaris imperio regni custodia fio), ist die Wiener Abschrift in diesem Punkt wahrscheinlich korrekter.

47 H. Oesterley, Gesta Romanorum, Berlin 1872 (Nachdruck Hildesheim 1963), S. 349f. Die Kompilation, wahrscheinlich im frühen 14. Jahrhundert (in England?) entstanden, stammt im Wortlaut weitgehend mit dem Schachzabelbuch überein. Als Interpretationsquelle für das Capuaner Herrscherbild ist die »Moralizatio«, die sich jeder der bunten Geschichten der Gesta Romanorum nach gleichem Schema und in fast gleicher Wortwahl anschließt, von vielen Autoren überschätzt worden. Vgl. Willemsen (wie Anm.) S. 68, oder Buschhausen (wie Anm.) S. 31f, auch Battisti (wie Anm.) S. 21ff und Poeschke (wie Anm.) S. 106. Siehe dazu die Schlußbemerkung zur Deutung.

48 New York, Pierpont Morgan Library, G. 74 f. 32r. C.M. Kaufmann, The Baths of Pozzuoli. A Study of the Medieval Illumination of Peter of Eboli's Poem, Oxford 1959; F. Mütherich, Handschriften um Friedrich II., in: Probleme um Friedrich II. Vorträge und Forschungen (Konstanzer Arbeitskreis für mittelalterliche Geschichte Bd. 16) Sigmaringen 1974, S. 9-21, 15ff, Abb. 3 läßt durchaus die Möglichkeit zu, daß das Vorbild noch zu Lebzeiten Friedrichs II. entstand. Die andere erhaltene Version in Paris, Bibl. Nat. fr. 1313 f. 31v gibt den Kaiser bärtig und mit Reichsapfel und Szepter wieder. Auch ist nur eine Richterbüste, zur Linken des Kaisers, zu sehen. Siehe J. Wollesen, A pictorial Speculum Principis: the image of Henry II in Cod. Bibl. Vat. Ottobonensis lat. 74 fol. 139v, in: Word and Image 5 (1) 1989, S. 85ff, fig. 11.

49 Florenz, Uffizien, Gabinetto dei Disegni 333 A r. Siehe Scaglia I (wie Anm. 37) S. 203.

50 Zu den tatsächlichen Größenverhältnissen, die umstritten sind, vergleiche Anm. 62.

51 Das hat auch gesehen Scaglia I (wie Anm. 37), S. 206.

52 Zu diesen Löwen und ihrer Herrschersymbolik Scaglia I (wie Anm. 37), S. 207. Willemsen (wie Anm. 31), S. 36 hält die Löwen für eine willkürliche Hinzufügung des sonst sehr genauen Zeichners, da er sich Löwen nur im Zusammenhang eines Faldistoriums vorstellen kann. Löwenflankierte Throne sind aber im 13. Jahrhundert in Italien häufig. Vgl. z.B. zu den Papstthronen der römischen Gegend F. Gandolfo, Reimpiego di sculture antiche nei troni papali del XII secolo, in: Rendiconti della Pontificia Accademia Romana di Archeologia 47, 1974/75, S. 203ff; ders., La cattedra Papale in età Federiciana, in: Féderico II e l'arte del 1200 italiano. Atti della III settimana di studi di storia dell'arte medievale dell'Università di Roma (1978) I Galatina 1980, S. 339ff.

53 Wien, Österreichische Nationalbibliothek Cod. 3528 f. 51v. Abgebildet bei Willemsen (wie Anm. 31) Abb. 98.

54 Die Beschreibungen Lucantonio della Pennas (nach 1327), Giovanni Antonio Campanos (1427-77) und Scipione Sanelli (Chronist Capuas zwischen 1571 und 1599) sind wichtig für das Gesamtprogramm der Fassade, tragen aber zu unserer Kenntnis der Kaiserfigur nichts weiter bei. Siehe Willemsen (wie Anm. 31), S. 77, Anm. 3, 6, S. 78, Anm. 15, 17, 18, S. 80, Anm. 29, 33.

Nach den Zerstörungen durch die Spanier entstanden und deshalb in diesem Zusammenhang ohne eigenen Zeugniswert sind die kompilierten Beschreibungen und die Zeichnung Fabio Vecchionis. Siehe W. Paeseler, W. Holtzmann, Fabio Vecchioni und seine Beschreibung des Triumphtors in Capua, in: Quellen und Forschungen aus italienischen Archiven und Bibliotheken 36, 1956, S. 205-247.

55 Scip. Mazzella, Le vite de i re di Napoli con quelle de pontefici nativi di questo regno, Neapel 1588, S. 58; auch ders., Descrittione del regno di Napoli, Neapel 1601, S. 437. Dazu Paeseler / Holtzmann (wie Anm. 54), S. 232.

56 Ritratti di Cento Capitani Illustri intagliati da Aliprando Capriolo, Roma 1596, S. 4 (Exemplar in der Vatikanischen Bibliothek, Stamp. Chig. IV 1432). Siehe Ladner (wie Anm. 37), S. 86, der das Bildnis mit dem Profil des Bamberger Reiters verglichen hat. Einen ähnlichen Kronentypus mit drei Zacken in der Frontansicht weist ein kleines geprägtes Bleiblech, das bei Grabungen auf dem (arabisch besiedelten) Monte Iato in Sizilien gefunden wurde. Ich danke Hans Peter Isler (Zürich) für den Hinweis auf diesen Fund der Alltagsgeschichte, für den ich kein Gegenbeispiel wüßte. Siehe H.P. Isler, Monte Iato: La diciasettesima campagna di scavo, in: Sicilia Archeologia, 65 (anno XX) 1987, S. 11-24, S. 13, fig. 8: »La laminetta di piombo sarà comunque da datare in epoca sveva; ci conserva con ogni probabilità un »ritratto« di Féderico II di età non precisabile, ma già matura.«

57 Daniele in: Della Valle (wie Anm. 34) I, S. 200: »E'la Statua, di cui ragioniamo, sedente, di grandezza sopra al naturale, rappresentante l'Imp. in età giovanile, come quei che non toccava ancor il quarantesimo anno dell'età sua, allorchè venne quella scolpita ...« S. 201 »E sebbene scuopra la rozzezza del decimoterzo Secolo e nella mossa e ne'panni; pur nel volto, e nell'insieme dimostra, che l'autore non era affatto ignaro dell'arte. ... Che avesse avuto presente alcun antico bello originale ...«

58 Séroux d'Agincourt (wie Anm. 32) II, S. 57 schreibt unter der Überschrift »Renaissance de la sculpture au XIIIe siècle«: »Le sentiment d'une juste reconnaissance m'aurait donc déterminé à placer ici, sous le No. 4, une statue de ce prince exécutée vers la fin de son règne, et que l'on voit encore sur une des portes de Capoue, lors même que ce monument mériterait moins d'occuper une place parmi ceux de cette époque. Si cette figure offre peu de correction dans sa forme générale, on y trouve, dans la maintien, un repos une sort de majesté tranquille qui n'est pas indigne d'attention.«

59 C. von Fabriczy, Zur Kunstgeschichte der Hohenstaufenzeit. Kaiser Friedrichs II. Brückentor zu Capua und dessen Skulpturenschmuck, in: Zeitschrift für bildende Kunst 14, 1879, S. 180-189; 214-222; 236-243, 214f über das Schicksal der Statue im 19. Jahrhundert. Die Informationen stammen von dem damaligen Direktor des Capuaner Museums Ab. Janelli. Shearer (wie Anm. 31), S. 29 behauptet, die Figur sei zersägt worden, um daraus Pavimentsteine herzustellen. Quellen dafür nennt er nicht. Zur Diskussion der widersprüchlichen Angaben in der Literatur Willemsen (wie Anm. 31), S. 91, Anm. 121.

60 Mosciono 6084 (Vat. XIX 31, 3). Der Ausschnitt mit der Figur ist abgebildet schon bei Shearer (wie Anm. 2) fig. 31. Auch Claussen (wie Anm. 30) Abb. 11. Die Aufnahme dürfte zwischen 1870 und 80 entstanden sein, die Zeit in der von Fabriczy (wie Anm. 59) sie erstmals öffentlich bekannt machte. Da sie in einigen Teilen vollständiger ist als der Torso im heutigen Zustand und auch die Anfügung der beiden Körperhälften gegenüber heute differiert, wird uns dieses Dokument noch zu beschäftigen haben.

61 Willemsen (wie Anm. 31) gibt Tf. 30 eine Fotografie dieser ergänzenden Aufstellung mit der ursprünglichen Renaissancenische und -inschrift. Auch Shearer (wie Anm. 31) fig. 30; auch Claussen (wie Anm. 30) Abb. 12, 13.

62 Maße nach Willemsen (wie Anm. 31), S. 90, Anm. 115. Der gleiche gibt im Katalog »Die Zeit der Staufer« Stuttgart 1977, I, S. 666 die Höhe (des Gipsabgusses?) mit 1,15 m an.

63 Die Hände und Füße waren, wie erwähnt, 1584 ergänzt worden und im 18. Jahrhundert schon wieder verloren. Siehe Anm. 39.

64 Willemsen (wie Anm. 31) S. 35 drückt sich unklar über den Zeitpunkt dieser Restaurierung aus. Offenbar fiel zunächst das Gipswerk des 19. Jahrhundert von selbst auseinander: »Eines Tages splitterte alles Verfälschende vom echten Kern, und wenn auch die so ungleichen Teile zunächst wieder, mit Drahtseilen gleichsam aneinander gefesselt wurden, so war nunmehr doch deutlich das Echte vom Falschen zu unterscheiden; und jüngst kam endlich der Tag, an dem die Kaiserstatue, von allen entstellenden Zutaten restlos gereinigt, in dem aus Schutt und Asche neu erstehenden Museo Campano eine würdige Aufstellung fand.« Rechnet man Willemsens Hochsprache ab, steht hinter dieser Schilderung eine mittlere Katastrophe. Ohne Dokumentation und ohne Fachkräfte versuchte man offenbar im Krieg, die wohl durch Bombeneinwirkung zersprungene (und möglicherweise vom Sockel gestürzte) Figur notdürftig (mit Drahtseilen!) zusammenzuflicken.

65 B.A.V. lat. 9840 fol. 50 (rechts unten). Es handelt sich um eine lavierte Bleistiftzeichnung mit der Feder nachgezogen. Das eingeklebte Blatt ist etwa 13 cm hoch und 6 cm breit. Oben rechts ist nachträglich mit Tinte die Tafel- und Abbildungsnummer (Pl. XXVII No. 4) der gedruckten Ausgabe angegeben. Zur Ordnung des Zeichnungskonvolutes und zu den Zeichnern, die für Séroux gearbeitet haben, grundlegend Loyrette (wie Anm. 33) S. 41ff.

66 Man muß nur akademische Antikennachzeichnungen dieser Zeit vergleichen, um den Unterschied zu verdeutlichen.

67 B.A.V. Vat. lat. 9840 fol. 50r. Siehe Loyrette (wie Anm. 33) S. 42 und fig. 23. Diese Zeichnungen entstanden 1779 vor dem Original.

68 Willemsen (wie Anm. 31) S. 91, Anm. 117.

69 Wie er auch sonst Zeichnungen, die für ihn gemacht wurden oder die ihm zugeschickt wurden, mit Kommentaren zu versehen pflegte.

70 Links oben: »Le corps de la statue parait du bas Empire«; rechts oben: »L'inscription est audessus de la tête et commence comme ci derriere; unten: »FEDERICO II. il y a federico et non federigo, voyez ci derriere«. Letztere Bemerkung dürfte kaum nötig gewesen sein, wenn Zeichner und Redaktor ein und dieselbe Person gewesen wären.

71 Ein Teil des Briefwechsels ist von Loyrette (wie Anm. 33) S. 54f als Annex 1 abgedruckt worden.

72 Durch die Abschattierungen und so bewirkte Lebendigkeit der Augen hat man nicht den Eindruck, hier sei eine Marmorfigur nachgezeichnet, sondern ein fiebriges Kind porträtiert worden. Das deutet möglicherweise auf ein besonderes Verhältnis des zeichnenden Interpreten zu der Person des Dargestellten hin. Ein professioneller Zeichner hätte sich wahrscheinlich eher an bewährte Schemata gehalten, wie sie dann auch in der Umsetzung des Stechers deutlicher werden.

73 Buschhausen, Probleme (wie Anm. 37) S. 225 spricht in diesem Zusammenhang von kurzen Haarsträhnen mit zentraler »Augustusschere«.

74 Im Unterschied zu den komplizierten Edelsteinmustern der Front des Stirnreifens an der Büste, hat der Zeichner allerdings eine gleichmäßige Reihung des Steinbesatzes festgehalten. Solche zeigt die Büste nur in den rückwärtigen Teilen der Krone. Ob Solari hier nicht nachgeschönt hat? Merkwürdig sind die beiden Spitzen die sich aus dem unteren Rand des Reifens über den Schläfen hochbiegen.

75 Heute befindet sich die Montage im Dokumentationsraum für staufische Geschichte in Göppingen-Hohenstaufen.

76 Siehe oben Anm. 57. Setzt man die erhaltene Höhe des Torsos von 1,20 m mit dem Maß der von Daniele gezeichneten Figur auf der Zeichnung ins Verhältnis, kommt man auf eine Höhe von 1,75 m.

77 Willemsen (wie Anm. 31) S. 90, Anm. 115. Shearer (wie Anm. 31) S. 71 war fälschlich von einer Höhe des Torsos von 1,80 m ausgegangen und war damit zu einem ursprünglichen Gesamtmaß von »almost twice life size« gekommen. Ich habe selbst die Erfahrung gemacht, daß der Torso in der Erinnerung »wächst«. Vielleicht ein gegenteiliger Effekt hat Scaglia I (wie Anm. 37) S. 208 zu einer Einschätzung der ursprünglichen Gesamthöhe auf 1,46 m bewogen. Wenn Willemsen die Kaiserfigur zu verkleinern versucht, so übersteigert er die Maße der weiblichen Büste, die er als Justitia Imperialis zu bestimmen sucht. Die erhaltene Höhe beträgt 0,77 m. Der Kopf selbst mißt vom Kinn bis zum Scheitel 0,55 m. Wie er zu folgender Aussage kam, ist mir unklar (Willemsen S. 44): »Denkt man sich noch den Angaben Sanellis entsprechenden Brustansatz hinzu, so muß es sich um eine Kolossalbüste von etwa zwei Metern gehandelt haben.« Bei den Richterbüsten entspricht der gesamte Durchmesser des Tondo doppelter Kopfhöhe. Entsprechende Proportionen ergeben für die Büste der weibliche Personifikation eine Gesamthöhe von ca. 1,10 m. Das würde auch dem Größenverhältnis von Kaiserfigur und Büste in der Skizze Francesco di Giorgios (Abb. 30) entsprechen.

78 Das wird in der Gipsrekonstruktion, bei der man versucht hat, die Faltenübergänge zu ergänzen, sehr deutlich.

79 Auffallend das Mißverhältnis der Breite des Kopfes (0,27 m) zur Schulterspanne (0,59 m) in der Göppinger Montage (Abb. 14). Es wäre bei einem Auseinanderrücken der beiden Körperhälften deutlich besser.

80 Ich weiß nicht, ob es sich lohnt, wegen dieser geringfügigen Modifikationen den Torso wieder in seine Teile zu zerlegen.

81 Willemsen (wie Anm. 31) S. 36, 92 Anm. 125: »Sie kann nämlich rechts und links nur ganz wenig über die sitzende Figur hinaus geragt haben. Desgleichen ist ihre Ornamentierung eine andere gewesen als die auf der Zeichnung ...« (gemeint ist der Stich).

82 Siehe die Profilaufnahme von links, die Morisani II (wie Anm. 37) fig. 2 abbildet; auch Claussen (wie Anm. 30) Abb. 16.

83 Willemsen, Bildnisse (wie Anm. 37) Abb. 52, 53, 54.

84 Da Scaglia I (wie Anm. 37) S. 207 glaubt, die Löwen hätten die Armlehnen gebildet, bezweifelt sie wie Willemsen die Authentizität von Séroux's Stich in diesem Punkt. Sie hat aber nicht einmal die Ansätze des Thrones an den Abbruchkanten gesehen und meint, der Thron sei eine Zufügung der Renaissance und nicht aus einem Stück mit der Figur. Das ist in allen Punkten zu widerlegen.

85 Es sei nur auf die jüngste Literatur verwiesen. Einen Beitrag mit der Rekonstruktion des »regium cubiculum« über der Durchfahrt des Brückentores nach einer Grundrißskizze Francesco di Giorgios (Abb. 2) gibt Scaglia II (wie Anm. 37). In einen weiteren Rahmen wird der Bautyp gestellt von J. Gardner, An Introduction to the Iconography of the Medieval Italian City Gate, in: Dumbarton Oaks Papers 41, 1987, S. 199-213, 208f; Zur Benennung der »judices« als Konstantin und Karl der Große: F. W. Deichmann, Die Bärtigen mit dem Lorbeerkranz vom Brückentor Friedrichs II. zu Capua, in: Von Angesicht zu Angesicht. Festschrift M. Stettler zum 70. Geburtstag, Bern 1983, S. 71-77. Jens Wollesen Deutungsversuch vergleicht das Programm der Torfassade formal und inhaltlich mit dem des Herrscherbildes Heinrich II. in einer

(Regensburger) Handschrift, die für den Montecassino gestiftet und dort aufbewahrt wurde. Siehe Wollesen (wie Anm. 48) S. 85ff. Die Torfassade als kaiserliches Programm betont Beat Brenk (wie Anm. 29).

86 O. Posse, Die Siegel der deutschen Kaiser und Könige Bd. I (751-1347) Dresden 1909, 29, 1; Stauferkatalog (wie Anm. 62) I Nr. 50, S. 34. Auf die Ähnlichkeit zum Siegelbild verweist auch Schwarz (wie Anm. 37) S. 23.

87 So zuletzt Scaglia I (wie Anm. 37), S. 206.

88 Es ist kurios, der Tradition dieses »Sitzkontrapostes« in Götter- und Herrscherbildern nachzugehen. Siehe P.C. Claussen, Ein freies Knie. Zum Nachleben eines antiken Majestas-Motivs, in: Wallraf-Richartz-Jahrbuch 39, 1977, S. 11ff.

89 Siehe dazu Anm. 41. Wollesen (wie Anm. 48) S. 105ff schreibt nach Willemsens Übersetzung (wie Anm. 31) S. 5, zwei Finger einer Hand seien erhoben gewesen und vergleicht diesen (im Text so nicht belegten) Gestus mit dem des erwähnten Thronbilds Heinrichs II., bei dem das Szepter fehlt.

90 Daß auch zwei Finger ausgestreckt sein können, sieht man am besten beim zweiten Kaisersiegel. Siehe Posse (wie Anm. 86) S. 19, Tf. 24 und Willemsen, Bildnisse (wie Anm. 37) Abb. 53.

91 Zur Frage der Bildnisfunktion grundlegend A. Reinle, Das stellvertretende Bildnis, München / Zürich 1984.

92 Zu diesem Punkt zuletzt Wollesen (wie Anm. 48).

93 Posse (wie Anm. 88) S. 19, Tf. 24 und Willemsen (wie Anm. 37) Abb. 52, 54.

94 Alles Zitate nach Willemsen (wie Anm. 31) S. 38, 41.

95 F. Gabrieli, Storici Arabi delle Crociate, 1957, S. 259.

96 Die kunsthistorische Erörterung der Bildnisse auf den Augustalen ist widersprüchlich und unbefriedigend. Ich verzichte darauf, die umfangreiche Literatur aufzulisten. Das Material hat aus numismatischer Sicht vorgelegt H. Kowalski, Die Augustalen Kaiser Friedrichs II., in: Schweizerische Numismatische Rundschau 55, 1976 S. 77-128.

97 Der dunkel angestrichene Abguß soll Bronze imitieren. Die stumpfe Oberfläche schluckt Licht und Schatten, so daß die plastischen Werte in der Photographie weniger deutlich werden. Tatsächlich wirken die weißen Gipsabgüsse, die nach Solaris Abguß geformt wurden, wesentlich plastischer.

98 Zu den Übereinstimmungen zwischen Stich und Abguß gehört auch die Art, wie sich die Haare an der Schläfe lockig zurücklegen und dabei den unteren Teil des Ohres freilegen. Siehe Ladner (wie Anm. 37) Abb. 12 und 14. Auffällig sind die Nackenlocken in der bildlichen Wiedergabe. Da diese auch sonst in der süditalienischen Skulptur zur Zeit Friedrichs II. vorkommen, mag der Stich des 16. Jahrhunderts in diesem Punkt authentischer sein als die Büste Solaris.

99 Diese Unregelmäßigkeit mag sehr gut auf die Ausflickung von Bestoßungen der Zeit um 1584 zurückgehen.

100 Siehe P.C. Claussen, Magistri Doctissimi Romani. Die Römischen Marmorkünstler des Mittelalters (Forschungen zur Kunstgeschichte und Christlichen Archäologie 14) Wiesbaden / Stuttgart 1987, S. 122ff, Abb. 141. Der Körper des Atlanten wirkt wie aus Ton geformt bzw. verformt. Gegenüber solchen »Verzeichnungen« ist der Kopf erstaunlich klar in der Linienführung und – wie man an der Frisur sehen kann – mit großer Sorgfalt durchgebildet. Dieser Unterschied zwischen Kopf und Körper spricht dafür, daß der Bildhauer den Kopf in der Auseinandersetzung mit einem Vorbild (dem genannten?) gestaltete. Sollten die Beziehungen wirklich so eng sein, wie hier vorgeschlagen, so wäre die Übersetzung der französisch geprägten Formsprache in die dekorative Praxis der Marmorari Romani in vieler Hinsicht bemerkenswert. Die Formen sind allerdings weniger präzise, das Gesicht dadurch etwas weichlicher als bei dem Abguß der Kaiserfigur.

101 Vorherrschend in Capua ist eine campanische Tradition. Diese hat in überzeugender Weise aufgezeigt V. Pace, Aspetti della scultura in Camapania, in: Atti della III settimana di studi di storia dell'arte medievale dell'Università di Roma (1978) I Galatina 1980, S. 325ff. Im römischen Gebiet gibt es für die Marmorbildhauer kaum Aufgabenfelder innerhalb der figürlichen Skulptur. Ein Werk wie der Atlant in Anagni hat deshalb innerhalb seiner Kunstlandschaft keine vergleichbaren Gegenstücke. Ungeklärt ist bisher, wie die Ähnlichkeit von Teilen der dekorativen Skulptur in den römischen Kreuzgängen von S. Giovanni in Laterano und S. Paolo fuori le mura mit einigen der Kopfprotomen und auch den Richterbüsten des Capuaner Tores zu beurteilen ist. Einige Hypothesen über Verschränkungen römischer und »friderizianischer« Skulptur in: P.C. Claussen, Scultura romana e federiciana tra il 1200 e il 1268, in: Federico II e l'arte del 1200 italiano, in: Atti della III settimana di studi di storia dell'arte medievale dell'Università di Roma (1978) I Galatina 1980, S. 301ff; mit anderen Beispielen argumentiert in dieser Diskussion M. Righetti, Roma e la cultura Federiciana, in: Storia dell'Arte 34, 1978, S. 289-298.

102 Die einzigen, die bisher die enge Verbindung mit gotischer Skulptur in Frankreich betont haben, sind Cesare Gnudi, Considerazioni sul Gotico Francese, l'arte imperiale e la formazione di Nicolo Pisano, in: Federico II e l'arte del dugento Italiano. Atti della III settimana di studi di storia dell'arte medievale dell'Università di Roma I, Roma 1980, S. 1-26 und Poeschke (wie Anm. 37) S. 102ff. Gnudi S. 4: »La statua dell'imperatore è strettamente legata allo stile gotico francese«.

103 W. Sauerländer, Gotische Skulptur in Frankreich 1140-1270, München 1970 mit ausführlichen Literaturnachweisen.

104 Dazu P.C. Claussen, Chartres-Studien zu Vorgeschichte, Funktion und Skulptur der Vorhallen Forschungen zur Kunstgeschichte und christlichen Archäologie 9), Wiesbaden 1975, S. 116, 139f; Claussen (wie Anm. 30) Abb. 21.

105 W. Sauerländer, Von Sens bis Straßburg, Berlin 1966, S. 138, Abb. 227. Einen ganz ähnlichen Kopftyp findet man an einer Konsole in der Abteikirche Montier-en-Der, in der eine Bildhauerwerkstatt arbeitete, die in der Gestaltung der Gewandfiguren geradezu mit antiken Bildwerken wetteiferte. Siehe dazu P.C. Claussen, Antike und gotische Skulptur in Frankreich um 1200, in: Wallraf-Richartz-Jahrbuch 35, 1973, S. 83ff. Grundlegend in diesen Fragen R. Hamann-Mac Lean, Antikenstudium in der Kunst des Mittelalters, in: Marburger Jahrbuch für Kunstwissenschaft 15, 1949/50, S. 157ff. Buschhausen, Altersbild (wie Anm. 34) S. 21, Abb. 14 vergleicht den Capuaner Kopf mit dem Mainzer Augustus-Porträt, dessen Klassizismus wiederum zu zweifelnden Vergleichen mit Napoleon-Porträts Anlaß gab. Die Vermischung der Herrschergestalten wäre eine Glosse wert.

106 Gegenüber dem Eindruck der Antikennähe hat Poeschke (wie Anm. 37) S. 100f mit Recht die mittelalterliche Struktur der Gestaltung betont.

107 Dazu Claussen, Antike (wie Anm. 105). Hinweise auf Stilbeziehungen nach Frankreich schon bei C. Gnudi (wie Anm. 102); auch Schwarz (wie Anm. 37) S. 22f. Valentino Pace gab mir freundlicherweise Einblick in ein Manuskript über die Skulptur der Porta Capuana, in dem er eine Übertragung der antikisierenden Formen durch die Goldschmiedekunst vorschlägt.

108 R. Kautzsch, Ein frühes Werk des Meisters der Straßburger Ekklesia, in: Oberrheinische Kunst 3, 1928, S. 133ff. Zu der, allerdings viel bewegteren Bamburger Skulptur Wilhelm Boeck, Der Bamberger Meister S. 165f, Tf. 10; R. Suckale, Die Bamberger Domskulpturen. Technik, Blockbehandlung, Ansichtigkeit und die Einbeziehung des Betrachters, in: Münchner Jahrbuch der bildenden Kunst, 3. F. 38, 1987, S. 27 - 82.

109 Die Gestalten Nicola Pisanos bedienen sich trotz der gemeinsamen Antikennähe ganz anderer Mittel und erzielen damit eher Gruppenwirkungen. Über das Problem des »Zeus«, eines Bogenscheitelsteins, in Capua und seiner unbestreitbaren Ähnlichkeit mit Gesichtstypen Nicola und Giovanni Pisanos kann ich hier nicht handeln. Vom Material (Tuff?) und von der Faktur her liegt m. E. eine antike Entstehung näher als eine mittelalterliche.

110 Ich verweise auf die entsprechenden Abbildungen bei Willemsen (wie Anm. 31). Eine einzige Skulptur, eine Kopfkonsole mit faunsartig zugespitzten Ohren, scheint mir von der »Natürlichkeit« des Herrscherkopfes beeindruckt. Die Locken können als vergröbernde Umsetzung der Haarspitzen angesehen werden, die bei dem Vorbild unter dem Kronreif an der Stirn hervorschauen. Siehe Willemsen (wie Anm.) Abb. 83, 84.

111 Das wäre eine zufällige, aber bemerkenswerte Parallele zur Zerstörung der Capuaner Figur. Der Thronende in Straßburg hatte nach dem Holzschnitt des Isaak Bruun (1617) ein Richtschwert über den Knien, war unbärtig (!) und trug einen Halsschmuck. Die Deutung der Figur, die seit dem Spätmittelalter als Karl der Große galt, müßte nochmals diskutiert werden. Siehe auch W. Sauerländer (wie Anm. 103) S. 124f mit Literatur und Claussen (wie Anm. 104) S. 18ff.

112 Es ist ärgerlich, daß wir nichts Näheres über diesen Künstler wissen, dessen Fama so weit getragen wurde und ausreichte, diesem Anspruch gerecht zu werden. Der Auftrag des Kaisers für ein derartig prominentes Werk spricht dafür, daß dieser Künstler eine eminente Stellung innehatte. Vielleicht einer der frühen Hofkünstler, über die Martin Warnke, Hofkünstler. Zur Vorgeschichte des modernen Künstlers, Köln 1985, S. 16ff einiges Material zusammengetragen hat?

113 Bertaux (wie Anm. 11) S. 736, fig. 364; S. 732 vergleicht sie mit den Richterbüsten von Capua. Dabei werden aber eher die Unterschiede deutlich. Siehe auch H. Schäfer-Schuchardt, Die figürliche Steinplastik des 11.-13. Jahrhunderts in Apulien Bd. I, Bari 1988.

114 Man sollte ein mittelalterliches Anspruchsniveau nicht automatisch mit heutigen Qualitätsmaßstäben gleichsetzen. Doch merkwürdig ist sie schon, die gemeinsame Hochschätzung gotischer und antikennaher Bildhauerkunst aus dem Norden, im 13. und im 20. Jahrhundert. Falls es dafür ästhetische und historische Gründe gibt, sind sie am ehesten durch einen rezeptionsgeschichtlichen Ansatz zu finden. Man müßte dabei die Problemkreise des entstehenden Nationalbewußtseins im 13. Jahrhundert und der nationalen Inbesitznahme von Kunst in unserem Jahrhundert einbeziehen.

115 Die hohe Qualität des Kopffragmentes (Alexandertyp) von Castel del Monte im Museum von Bari und die scharfen Alterszüge der rätselhaften, überlebensgroßen Büste von Barletta (deren Vervollständigung durch Eichhorn erstaunliche Übereinstimmung mit dem Bronzekoloss von Barletta aufweist) wären in dieser Logik vielleicht auch wie die vielen unterschiedlichen Profilköpfe der Augustalen privilegierten Hofporträtisten zuzuschreiben. Zur Ergänzung des ramponierten Stückes Peter Eichhorn, Zur Büste von Barletta, in: Kat. Die Zeit der Staufer V, Stuttgart 1979, S. 419-430.

116 Eine Parallele, die nur scheinbar fernab liegt, stellt m. E. die Beurteilung der Königsgalerien an französischen Kathedralen dar. Die in dieser Weise unhaltbare Deutung einer monumentalen Reihe alttestamentlicher Könige vor allem in der französischen Forschung bezieht ihr Hauptargument aus dem »daß nicht sein kann, was nicht sein darf«; nämlich eine »profane« Darstellung an einem Sakralbau. Aus der widersprüchlichen Literatur nur die wichtigsten für eine Benennung als Denkmal des französischen Königtums: Johann Georg Prinz von Hohenzollern, Die Königsgalerie der französischen Kathedrale, München 1965; R. Hamann-Mac Lean, Die Kathedrale von Reims. Bildwelt und Stilbildung, in: Marburger Jahrbuch für Kunstwissenschaft, 20, 1981, S. 21-54; für diesen Problemkreis in einem weiteren Sinne wichtig B. Brenk, Bildprogrammatik und Geschichtsverständnis der Kapetinger im Querhaus der Kathedrale von Chartres, in: arte medievale, II. ser, 5, 1991, S. 71-96.

117 Um Mißverständnissen vorzubeugen: Hier soll nicht einer Säkulasierung mittelalterlicher Herrscheridee und -ideologie das Wort geredet werden. Hier geht es sozusagen um die Ausnahme von der Regel.

118 Scaglia I (wie Anm. 37) S. 207ff, fig. 6.

119 Siehe Middeldorf Kosegarten (wie Anm. 37) S. 323. Willemsen (wie Anm. 31) zitiert aus den Annalen des Scipione Sanelli: »Appreso seguiva la volta della porta ove con bianchissimi marmi apparevano in scoltura molti trofei e vittorie del imperatore.«

120 Über die Funktion der Turmräume und des rätselhaften regium cubiculum hat sich bisher vor allem Gustina Scaglia (wie Anm. 37) Gedanken gemacht. Sie erklärt sich die Besonderheit der Anlage als Zoll- und Kontrollstation. Merkwürdig wäre dann allerdings die schwere Zugänglichkeit der Räume und ihr hoher, fast luxuriöser Standard: gewölbte Räume in den Türmen mit Ziergliedern aus Marmor, die den Räumen in Castel del Monte kaum nachstehen. Sogar marmorne Handwaschbecken sind in den Wand eingelassen. Ich denke, selbst wenn das Brückentor niemals in offizieller Weise benutzt wurde, kann die ursprüngliche Intention nur gewesen sein, an dieser Stelle hohe ausländische Gäste repräsentativ im Reich Friedrichs willkommen zu heißen. Das Tor war zugleich Kastell und Palast.

121 K. Bering, Kunst und Staatsmetaphysik des Hochmittelalters in Italien. Zentren der Bau- und Bildpropaganda in der Zeit Friedrichs II. (Kunst, Geschichte und Theorie 5) Essen 1986, S. 27. Ursprünglich hatte ich angenommen, der weibliche Kolossalkopf sei efeuumkränzt. Ich verdanke Dankwart Leistikow den Nachweis, daß es sich um kleine Weinblätter handelt. Der gleiche Blatttyp kommt am Palastportal der staufischen Burg Krautheim an der Jagst vor, dort eindeutig als Wein gekennzeichnet. Siehe D. Leistikow, Burg Krautheim und die Architektur des 13. Jahrhunderts in Mainfranken, in: Württembergisch Franken, 43, 1959, S. 52-147.

122 Hans R. Hahnloser, Villard de Honnecourt. Kritische Gesamtausgabe des Bauhüttenbuchs ms.fr 19093 der Pariser Nationalbibliothek, Graz (2.Aufl.) 1972, S. 26ff, Tf. 11. Die wichtigen Beobachtungen Hahnlosers zum Antikenstudium Villards ließen sich in vielen Punkten ergänzen. Interessante Aufschlüsse verspreche ich mir dabei von einer vergleichenden Analyse der Zeichenweise Villards und den Besonderheiten staufischen Antikenrezeption in Unteritalien.

123 Middeldorf Kosegarten (wie Anm. 37) S. 318ff.

Hans Martin Schaller

Die Staufer und Apulien

Wenn man über die Beziehungen der Staufer zu Apulien sprechen will, muß man zunächst – in aller Kürze – etwas darüber sagen, wie diese Region in der Stauferzeit aussah.[1]

Der Name Apulia ist abgeleitet von dem oskischen Stamm der Apuli, die in der Antike das Gebiet der heutigen Provinzen Foggia und Bari besiedelten. Unter Augustus wurde Apulia mit Calabria, wie damals das Salento hieß, zu einer Region zusammengefaßt, die im wesentlichen dem heutigen Apulien entspricht. In der Stauferzeit gehörten freilich noch einige Landstriche zu Apulien, die heute Campanien oder der Basilicata, dem antiken Lukanien, angegliedert sind, darunter die wichtigen Städte Ariano Irpino, Melfi, Venosa und Matera. Das staufische Apulien war eingeteilt in drei Provinzen: im Norden die Capitanata, in der Mitte die Terra di Bari, im Süden die Terra d'Otranto, weshalb man in Italien lange Zeit von Apulien nur im Plural (le Puglie) gesprochen hat. Geographisch reichte die Region von dem Grenzfluß Biferno im Nordwesten bis zum Kap von Léuca im Südosten und wurde im Nordosten von der Adria, auf seiner Südwestseite in etwa vom Kamm des Apennin begrenzt.

Auf Grund der geologischen und klimatischen Verhältnisse war die Landschaft schon immer wasserarm. Im Mittelalter wird sich der Wassermangel wegen der geringen Bevölkerungsdichte nicht so ausgewirkt haben wie in der Neuzeit, aber da Flüsse, Bäche und Quellen schon damals zu wenig Wasser lieferten, mußte man auch Regenwasser sammeln. Eine Zisterne dafür hat sich in Castel del Monte bis heute erhalten.

Die Vegetation Apuliens sah in der Zeit Friedrichs II. ganz anders aus als heute. Das Land war besonders in den höher gelegenen Teilen, der Murge, noch weithin bewaldet. Das dürfte auch für das Vorgebirge des Monte Gargano gelten, in dem ja heute noch größere Wälder erhalten sind. Nicht nur die Rodung zur Gewinnung von Ackerland, sondern vor allem die Weidewirtschaft mit Schafen und Ziegen hat die alten Wälder vernichtet.

In der Stauferzeit existierten sie aber noch und bildeten die Grundlage für den Wildreichtum Apuliens, der in den zeitgenössischen Quellen öfters erwähnt wird. Die nördlich des Monte Gargano gelegenen Seen von Lésina und Varano, bis ins 19. Jahrhundert noch von Sumpfwäldern umgeben, waren berühmt wegen ihres Reichtums an Fischen und Wasservögeln. Gerade in der Capitanata konnten Friedrich II. und Manfred also ausgiebig ihrer Jagdleidenschaft frönen.

Wirtschaftlich bot das damalige Apulien den Staufern weniger; es konnte sich gewiß nicht vergleichen mit der Kornkammer Sizilien und dem üppigen Gartenland Campanien. Für den Alltag des Hofes haben wir im wesentlichen nur das acht Monate umfassende Fragment eines Fiskalregisters von 1239 / 40, das die Mandate des Kaisers an Provinzbeamte enthält,[2] und die angiovinischen Excerpta Massiliensia aus verlorenen Registerbänden.[3] Von dem parallel dazu geführten Register der Privatsachen hat sich leider nichts erhalten. Trotzdem liefern uns diese Quellen auch für das Wirtschaftsleben in Apulien wichtige Nachrichten. So befiehlt Friedrich II. im Juli 1238 Maßnahmen zur Hebung des Ackerbaus in Apulien;[4] im April 1240 läßt er aus der Basilicata und der Terra di Bari umgerechnet 552 Tonnen Gerste nach Foggia bringen.[5] Im November 1239 kümmert er sich um die Aussaat von Hafer in der Capitanata.[6] Im Mai 1240 ordnet er an, aus Calabrien 6000 Schafe und aus Sizilien 500 Kühe mit den dazugehörigen Böcken und Stieren in die Capitanata zu bringen, um für den Bedarf des Hofes Viehherden zu schaffen.[7] Selbst Wein mußte in diese Provinz gebracht werden.[8] Offenbar reichten also Ackerbau und Viehzucht in der Capitanata nicht aus, um den Kaiserhof zu versorgen. Auch an Pferden, die ja als Transportmittel in Krieg und Frieden unentbehrlich waren, scheint es gemangelt zu haben, denn mehrere Mandate befassen sich mit dem kaiserlichen Marstall, mit der Lieferung von Pferdefutter und mit der Anlage eines Gestüts in Apulien.[9]

Die Region erbrachte aber auch Einnahmen. Die Bevölkerung lebte nicht nur von der Landwirtschaft und vom Fischfang, sondern auch vom Export etwa von Olivenöl, Käse und Fleisch sowie von Seefahrt und Handel. Neben der allgemeinen Steuer, der Collecta, kassierte der Fiskus Abgaben und Gebühren in den zahlreichen Häfen, von den Färbereien, dem Seidenhandel, den Schlachthöfen und den Judengemeinden, trieb selbst Handel und bezog Einkünfte aus den Krongütern und aus der Münzprägung. Friedrich II. kümmerte sich auch um die vom Fiskus monopolisierte Meersalzgewinnung in Apulien und förderte das dortige Handwerk, das anscheinend zum Teil von Sarazenen betrieben wurde.[10]

Der größte Vorzug Apuliens war seine lange Küste mit vielen kleineren und größeren Häfen. Von hier aus konnte man zu Schiff, wesentlich bequemer als auf dem Landweg, nach Oberitalien, auf die Balkanhalbinsel, vor allem das damalige Epirus, nach Griechenland und Byzanz, in den vorderen Orient und nach Ägypten gelangen. Das wurde im Zeitalter des aufblühenden Levantehandels und der Kreuzzüge außerordentlich wichtig. Die günstige Verkehrslage hatte schon die Römer angelockt: die Via Appia und die Via Traiana verbanden Rom mit Brindisi, dem größten Orienthafen des Imperium Romanum. Seit dem 6. Jahrhundert war Apulien ein Zankapfel zwischen Byzantinern, Langobarden und Arabern; im 9. Jahrhundert gewann Byzanz die Oberhand, im 11. Jahrhundert wurde das Land von den Normannen erobert und wurde schließlich ein Teil ihres Königreichs Sizilien. Als dieses 1194 von Kaiser Heinrich VI. erobert wurde, kam auch Apulien unter die Herrschaft der Staufer, unter denen es seine größte Blütezeit erlebte. Schon Heinrich VI. war sich der besonderen Bedeutung Apuliens für seine imperiale Politik bewußt. Ebenso wie seine normannischen Vorgänger blickte er nach Byzanz. Durch die Verheiratung der byzantinischen Prinzessin Irene, der jungen Witwe von König Tankreds ältestem Sohn, mit seinem Bruder Philipp von Schwaben hatte er die Möglichkeit bekommen, sich in die inneren Wirren des schwachgewordenen östlichen Kaiserreichs einzumischen. Die Herrscher Armeniens und Cyperns nahmen ihre Reiche von Heinrich VI. zu Lehen, und am Osterfest 1195 nahm der Kaiser in Bari öffentlich das Kreuz und rief zum Zug ins Heilige Land auf. Ab März 1197 schifften sich immer neue Kontingente deutscher Truppen in den apulischen Häfen ein und hatten im Orient schon Erfolge errungen, als Heinrich VI. am 28. September dieses Jahres plötzlich starb, erst 32 Jahre alt. Der Ausbruch des staufisch-welfischen Thronstreits zwang die deutschen Kreuzfahrer, eilends in ihre Heimat zurückzukehren.

In Sizilien übernahm die Kaiserin Konstanze die Regierung für ihren erst dreijährigen Sohn Friedrich II., doch folgte sie ihrem Gatten schon am 28. November 1198 ins Grab. Auf dem Sterbebett hatte sie dem Papst, der ja Oberlehnsherr des Südreiches war, die Regentschaft für ihren minderjährigen Sohn übertragen. Mit Hilfe französischer Truppen unter Walter von Brienne gelang es Innocenz III. im Oktober 1201 zwar, Apulien von der deutschen Herrschaft zu befreien, aber nun erhob sich die Region gegen den Franzosen, der im Juni 1205 im Kampf gegen einen deutschen Truppenführer fiel. Apulien blieb aber nominell unter der Regentschaft des Papstes, der sich dort durch einen Kardinallegaten vertreten ließ.[11]

Auch nachdem Friedrich II. 1208 mit Vollendung des 14. Lebensjahres mündig geworden war, hatte er damit noch lange nicht die tatsächliche Macht in Apulien gewonnen. Als sein welfischer Gegner, Kaiser Otto IV. im November 1210 in das Königreich Sizilien einmarschierte, war er in wenigen

Monaten Herr Süditaliens. Im Mai 1211 unterwarf sich Apulien, ohne Widerstand zu leisten; nicht verwunderlich, da sich die Region auch früher immer wieder gegen die Zentralregierung in Palermo aufgelehnt hatte. Und obwohl der inzwischen vom Papst exkommunizierte Otto IV. Süditalien nach einem Jahr wieder verließ, um die Rebellion einiger deutscher Fürsten niederzuschlagen, und obwohl Friedrich II. im August 1212 seinen Siegeszug in Deutschland begann, bewahrte Apulien weiterhin dem Welfen seine Treue, wie die Datierungen dortiger Privaturkunden beweisen. Wahrscheinlich gelang es erst dem Bischof Lupold von Worms, den Friedrich II. 1215 als Reichslegaten nach Apulien entsandte, das Land zur Anerkennung des jungen Königs zu bewegen.

Auch nach seiner Kaiserkrönung im November 1220 und der Rückkehr nach Süditalien konnte sich Friedrich II. erst allmählich in seinem Erbreich durchsetzen. Im Februar 1221 betrat er zum erstenmal in seinem Leben, von Norden kommend, Apulien und hielt sich in Troia, Foggia, Trani, Bari, Brindisi und Tarent auf.[12] Schon damals muß er beschlossen haben, diese Region zum Kernland des Königreichs zu machen. Denn seitdem hat Friedrich II. nirgends so oft und so lange geweilt wie in Apulien. Selbst das reiche Campanien mit so bedeutenden Städten wie Capua, Neapel und Salerno hat den Kaiser viel seltener gesehen, obwohl es ebenfalls Basis für Reisen und Feldzüge nach Mittel- und Oberitalien war. Das Land seiner Jugend, die Insel Sizilien, hat Friedrich nur in den Jahren 1221-1227 öfter und länger besucht, seit dem Februar 1234 aber überhaupt nicht mehr betreten. Und Calabrien, die Basilicata sowie Abruzzo-Molise waren für ihn immer nur Durchzugsgebiete.

Zwar zwangen ihn 1221 die Angelegenheiten der Insel Sizilien, zunächst mehrere Monate dort zu verbringen, aber schon im nächsten Jahr hielt sich der Kaiser wieder monatelang in Apulien auf, und 1223 befahl er, das Kastell von Foggia zu verstärken und dort auch einen Palast zu errichten, von dem heute leider nur noch ein Torbogen erhalten und nicht einmal die genaue Lage bekannt ist.[13] Auch wenn Palermo bis zum Untergang Manfreds 1266 nominell die Hauptstadt des Königreichs Sizilien blieb, so wurde Foggia doch der tatsächliche Regierungssitz. Zwischen 1220 und 1250 hat Friedrich II. in keiner anderen Stadt so oft geweilt wie hier, und in Foggia hatten – sicheres Indiz für ein Verwaltungszentrum – zahlreiche Beamte Haus- und Grundbesitz, wie aus einem Steuerverzeichnis der Provinz Capitanata aus den vierziger Jahren hervorgeht.[14] Ich nenne nur: Petrus de Vinea, Sprecher (»Logothet«) des Kaisers, Protonotar, de facto leitender Minister; Thaddeus de Suessa, führender Diplomat und Kanzleibeamter; ferner der Großhofjustitiar und weitere Richter des Großhofgerichts; Johannes Morus, Chef der Finanzverwaltung; die Generalvikare und Truppenführer Richard von Caserta, Walter von Manupello und Berthold von Hohenburg, der die deutschen Soldritter befehligte; ferner vier bekannte Kanzleinotare, die offenbar einen engeren Stab von Funktionären bildeten, der in Foggia stets verfügbar sein sollte. Kulturgeschichtlich bemerkenswert, daß auch ein Falkner und ein Goldschmied des Kaisers in Foggia wohnten.

Vom Residenzcharakter der Stadt zeugt auch, daß Friedrich II. in dem südöstlich gelegenen San Lorenzo einen Tierpark anlegen ließ, der 1231 erstmals erwähnt wird,[15] aber wohl schon aus den zwanziger Jahren stammt. Denn Tiergärten wurden seit dem frühen Mittelalter beliebt als Bestandteil fürstlicher Residenzen.[16]

Auch die Gemahlinnen Friedrich II. lebten in Apulien. Jolanthe von Brienne starb 1228 in Andria, Isabella von England 1241 in Foggia; beide wurden in der Kathedrale von Andria beigesetzt.[17] Zwar nicht in Foggia, aber – vielleicht aus Sicherheitsgründen – in den großen Kastellen von Canosa, Lucera und vor allem Melfi befanden sich die Archive des Königreichs. Hier verwahrte man insbesondere die Akten und Register der Kammer und der Kanzlei, und Karl von Anjou beeilte sich 1269, dieses für die Finanzverwaltung und die Lehnsverhältnisse so wichtige Material in seine Hand zu bekommen.[18]

In diesem Zusammenhang ist auch erwähnenswert, daß es im Südreich nur zwei Münzprägestätten gab: auf der Insel Sizilien Messina, in Süditalien nur die – schon von Kaiser Heinrich VI. gegründete – Münze im apulischen Brindisi.[19]

Die Verlagerung des politischen Zentrums von der Insel Sizilien nach Apulien zeigt sich auch bei der wichtigen Institution der Hofgeistlichkeit oder Hofkapelle.[20] Die an den Eigenkirchen mittelalterlicher Kaiser und Könige bepfründeten Geistlichen, die Hofkapelläne, dienten ihren Herren oft auch als Diplomaten, Notare, Verwaltungsbeamte, Gelehrte, Literaten und Künstler. Seit Roger II. war die Capella Palatina in Palermo die bedeutendste Hofkirche des Königreichs. Friedrich II. verankerte die Institution der Hofkapelle nun auch in Apulien; er erhob die Basilika San Nicola in Bari zur Hofkirche. Und als er um 1230 in der Terra di Bari an einem Verkehrsknotenpunkt die Stadt Altamura gründete, stiftete er dort eine weitere Hofkapelle, die später zur Kathedrale erhobene Marienkirche; übrigens die einzige Kirche, die Friedrich II. jemals erbaut hat.

Apulien war auch der Schauplatz bedeutender Staatsakte des Kaisers. Im November 1225 vermählte er sich in Brindisi mit Jolanthe, der Erbin des Königreichs Jerusalem. In Barletta regelte er 1228, vor seinem Kreuzzug, die Reichsverwesung und die Thronfolge. In Melfi, der alten Hauptstadt des normannischen Herzogtums Apulien-Calabrien, ließ er unter anderem im

August 1231 sein berühmtes Gesetzbuch, die Constitutiones regni Sicilie, abfassen und verkünden. In Foggia fanden mehrfach Reichsversammlungen und Hoftage statt; auch unter Konrad IV. und Manfred. Und so ist es auch nicht verwunderlich, daß der Name Apulia in der Stauferzeit oft das gesamte Königreich Sizilien,[21] Apuli alle Einwohner dieses Reiches meinte, die Norditaliener unter dem »apulischen Joch« der Beamten aus dem Süden seufzten[22] und Friedrich II. selbst sich rühmte, »einer aus Apulien« zu heißen,[23] so wie man ihn in seiner Jugend, aber auch noch in späteren Jahren, puer Apulie, das Kind aus Apulien nannte.[24]

Apulien empfahl sich als Machtzentrum auch durch die relative Sicherheit, die es von Natur aus bot. Gegen die benachbarten Regionen Molise, Campanien und Basilicata war es abgeschirmt durch die von Ritterheeren nur mühsam passierbare Gebirgslandschaft des Apennin. Nur die lange und meist flache Küste konnte von feindlichen Schiffen leicht angegriffen werden. Zu Lande sicherte Friedrich II. nun Apulien und besonders die Capitanata, indem er schon vorhandene Kastelle verstärkte und neue Kastelle errichtete.[25] Gefahr drohte vor allem von Nordwesten. Daher siedelte der Kaiser 1223 die Masse der sizilischen Sarazenen in Lucera an, einer hochgelegenen, die wichtigsten Zugangsstraßen kontrollierenden Stadt, und ließ sich dort auch einen Palast erbauen. Den vieltürmigen Mauerring um die arabische Stadt hat zwar erst Karl von Anjou angelegt, der Ort muß aber auch vorher schon stark befestigt gewesen sein, denn sonst hätte der Anjou 1269 nicht sieben Monate gebraucht, um Lucera zu erobern. Im übrigen war auch das Vorfeld von Lucera durch eine Linie von Kastellen geschützt wie Apricena, Civitate, Torremaggiore, Dragonara, Fiorentino und andere. Kastelle oder wehrhafte Städte lagen auch überall dort, wo Straßen aus dem Bergland in die apulische Ebene führten.

Der Deutsche Orden war ebenfalls ein wichtiger militärischer Faktor für das staufische Apulien; er hatte dort Kirchen und – meist auch befestigte – Häuser in den Hafenstädten Siponto, Barletta, Trani, Bari und Brindisi, im Binnenland in Andria und an anderen Orten.[26] Der treue Freund und Berater Friedrichs II., der Hochmeister Hermann von Salza, residierte anscheinend auch in Apulien und wurde 1239 in der Deutschordenskirche von Barletta beigesetzt. Von See her drohte Gefahr von dalmatinischen Seeräubern und in der späteren Zeit auch von der venezianischen Flotte. Daher ließ Friedrich II. die aus byzantinischer oder normannischer Zeit stammenden Kastelle in den Küstenstädten verstärken und Brindisi zu einem Kriegshafen ausbauen.[27]

Die verschiedenen Burgen und Türme lagen oft in Sichtweite voneinander, so daß man durch Feuerzeichen vor Angreifern warnen konnte, oder sie waren höchstens eine Tagesreise voneinander entfernt, um die Verbindungsstraßen zu sichern. Die Herrschaft der Staufer im Königreich Sizilien war ja auch im Innern fast ständig bedroht, wozu der Kaiser und seine Söhne freilich selbst beigetragen hatten durch ihre absolutistische Regierung und durch die Unterdrückung feudaler und kommunaler Autonomien. Ich erinnere nur an die Kämpfe Friedrichs II. mit den Grafen und Baronen im Grenzgebiet zum Kirchenstaat, an die Aufstände der Sarazenen in Sizilien in den zwanziger Jahren, an den Abfall der apulischen Städte während des Kreuzzugs 1228/29, an die Rebellion von Messina und anderen sizilischen Städten 1232, an den gefährlichen Staatsstreichversuch von 1246 und an die bürgerkriegsähnlichen Zustände unter Konrad IV. und Manfred.

Friedrich II. baute aber Apulien, vor allem die Capitanata, nicht nur zu einer Sicherheitszone aus, sondern schuf durch die Errichtung zahlreicher Jagdschlösser, Lustschlösser und Gutshöfe auch eine »Residenzprovinz«.[28] Viele dieser Bauten sind heute verschwunden; von anderen – Fiorentino, Gravina, Incoronata, Orta, Salpi, San Lorenzo – wenigstens noch Ruinen geblieben. Einigermaßen erhalten, wenn auch im Inneren ausgeplündert, ist ja nur Castel del Monte, das schönste und zugleich rätselhafteste Bauwerk Friedrichs II. Daß der Kaiser es gerade in Apulien errichtet hat, läßt doch wohl auf eine besondere Beziehung zu dieser Landschaft schließen.

Castel del Monte gilt allgemein als Jagdschloß; es war aber auch zur Verteidigung gedacht.[29] Die Höhenlage erlaubte einen weiten Rundblick über die Murge und den Tavoliere bis zum Meer. Anrückende Feinde hätte man schon früh erkennen können. Die Außenmauern, 2,50 m dick, im unteren Teil des Bauwerks nur mit hochgelegenen kleinen Fenstern versehen, und die acht Türme schützten zumindest vor einem handstreichartigen Überfall. Wann wurde Castel del Monte erbaut? Obwohl man darüber schon lange diskutiert,[30] hätte man die Antwort auf Grund der Quellen leicht finden können. Das wichtigste Zeugnis für die Baugeschichte, ein Mandat Friedrichs II. an den Justitiar der Capitanata vom 29. Januar 1240, bezieht sich eindeutig auf den Beginn der Bauarbeiten, wie Dankwart Leistikow jetzt überzeugend nachgewiesen hat.[31] Und im Jahre 1246 muß der Bau vollendet gewesen sein, denn in dem staufischen Statut über die Reparatur der Kastelle heißt es, daß das »Castrum sancte Marie de Monte«, wie es damals genannt wurde, von den Leuten der Städte Monopoli, Bitetto und Bitonto ausgebessert werden müsse.[32] Und schon der erste Herausgeber des Statuts, Eduard Winkelmann, hat 1880 nachgewiesen, daß der Text zwischen 1240 und 1246 abgefaßt worden ist.[33] Dazu paßt auch, daß der Deutsche Orden den Reitweg Friedrichs II. von Andria nach Castel del Monte durch Wehrtürme und befestigte Gutshöfe gesichert hat.[34] Das wäre wohl kaum geschehen, wenn das Schloß noch nicht vollendet gewesen wäre. Um 1255 benutzte Manfred das Castrum bereits als Kerker für politische Gegner,[35] und es ist wohl sehr unwahrscheinlich, daß die abschließenden Bauarbeiten erst in den Wirren nach 1250 ausgeführt worden sind. Und gegen das Argument, ein solcher Bau wie Castel del Monte könnte nicht in wenigen Jahren errichtet worden sein, möchte ich nur erwähnen, daß die Mailänder 1479 oberhalb von Bellinzona das imposante Castello di Sasso Corbara in sechs Monaten erbaut haben, obwohl die Technik damals sicher nicht anders war als 1240.

Für den heutigen Besucher scheint Castel del Monte verkehrsmäßig ziemlich abseits zu liegen. Im Mittelalter war es aber durchaus an das damalige Straßennetz angeschlossen. Nach Norden hin erreichte man in Andria die Hauptstraße von Bari über Canosa und Foggia nach dem Knotenpunkt Benevent oder nach dem Molise, nach Süden hin bei Spinazzola die Straße, die von Melfi nach Tarent führte. Zwar hat der Kaiser niemals in Castel del Monte geurkundet; wohl auch deshalb, weil er hier zu seinem Vergnügen weilte und ihm der Apparat seiner Kanzlei nicht zur Verfügung stand. Wenn man aber anhand der Datierungen seiner Urkunden und der chronikalischen Nachrichten sein Itinerar zwischen 1221 und 1250 verfolgt, kann man feststellen, daß ihn sein Reiseweg ziemlich oft an dem Hügel von Castel del Monte vorbeigeführt haben muß; dem Hügel, auf dem ja auch ein 1192 noch erwähntes, dann anscheinend restlos verschwundenes Benediktinerkloster stand.[36] Zwischen 1222 und 1250 zähle ich mindestens zwölf solcher Fälle, doch ist das Itinerar sicher ziemlich lückenhaft, zumal die Urkunden immer nur den Monat ihrer Ausstellung angeben. Im Jahre 1233 ließ der Kaiser an den Kastellen von Lucera, Trani, Bari und Brindisi Ausbesserungsarbeiten vornehmen und 1234 befahl er den Bau des Brückenkastells von Capua.[37] Vielleicht hat er damals auch schon den Bau von Castel del Monte geplant. In einem Mandat an den Justitiar der Capitanata von 1240 schreibt Friedrich II., daß er wegen seiner Vergnügungen die Capitanata häufiger besuche und dort länger verweile als in anderen Provinzen seines Reiches.[38] Was waren das für Vergnügungen? An der Spitze ist hier sicherlich die Jagd zu nennen, die der Kaiser und sein Sohn Manfred freilich vorwiegend in der subtilen Form der Falkenjagd betrieben haben.[39] In den Wäldern und Sümpfen Apuliens gab es genügend Beute für die Greifvögel. In den weiten Ebenen konnte man ihren Flug und ihr Verhalten überhaupt gut beobachten. Dies und die Vielfalt an Land- und Wasservögeln boten dem Kaiser – und seinem Sohn Manfred – das reiche Anschauungsmaterial, aus dem Friedrichs II. berühmtes Buch »De arte venandi cum avibus« erwuchs; ein Werk, das ja nicht nur die Greifvögel und deren Aufzucht und Abrichtung sowie ihre Beutevögel behandelt, sondern zugleich eine umfassende Ornithologie darstellt. Man tut der Originalität des Staufers keinen Abbruch, wenn man daran erinnert, daß sein Werk neben den eigenen Beobachtungen und

Experimenten auch auf den Erfahrungen arabischer Falkner fußt, und da hat er gewiß manches von den Sarazenen in Lucera gelernt. Von ihnen wird er auch die orientalische Sitte der Jagd mit dressierten Leoparden übernommen haben.
Über das höfische Leben in den apulischen Schlössern wissen wir wenig. Eine Chronik erzählt von dem Besuch des englischen Königssohns Richard von Cornwall beim Kaiser im Herbst 1241, offenbar in Foggia, unter anderem, der Gast habe verschiedene Spiele und musikalische Darbietungen erlebt; so hätten zwei schön gewachsene sarazenische Mädchen auf Kugeln rollend tänzerische Bewegungen vollführt und dabei noch gesungen und musiziert, und diese und andere Gaukler hätten den Zuschauern ein wunderbares Schauspiel geboten.[40] Und ein anderer Chronist berichtet 1260 vom Hofe König Manfreds in Foggia: »Verschiedenartige festliche Freuden vereinen sich da, der Wechsel der Chöre und farbenprächtige Aufzüge erheitern. Mehrere werden zu Rittern geschlagen, einige mit besonderen Würdezeichen geschmückt, der ganze Tag wird festlich begangen, und als er zu Ende geht, wird durch flammende Fackeln, die überall leuchten, unter Wettkämpfen der Spielenden die Nacht zum Tage gemacht«.[41] Auch spätere Quellen schildern uns märchenhafte Feste am staufischen Hof; aus allen Gegenden kamen Spielleute zusammen, und fremde Gesandtschaften überbrachten exotische Geschenke.[42]
Die Phantasie der Zeitgenossen, besonders der gegnerischen, entzündete sich besonders an dem Harem, den Friedrich II. unterhalten haben soll. Beweise für die Existenz eines Harems gibt es nicht; allerdings gab es in Lucera, Melfi und anderen Orten Werkstätten, in denen sarazenische Mädchen arbeiteten, die von Eunuchen bewacht wurden.
Kein Zweifel kann daran bestehen, daß Friedrich II. und die meisten seiner Söhne musisch veranlagt waren. In Friedrichs Mandaten ist mehrfach die Rede von schwarzen Sklaven, die zu Musikern ausgebildet werden sollten, und von der Anfertigung von Musikinstrumenten.[43] Untrennbar mit der Musik verbunden war im Mittelalter die Dichtkunst. Lateinische und volkssprachige Dichtungen wurden gesungen oder zumindest rezitativisch, also in einer Art Sprechgesang vorgetragen. Der Dichter war meist sein eigener Komponist; er wird sein Lied gesungen und oft auch auf einem Instrument begleitet haben. Am Hofe Friedrichs II. und Manfreds wurde die Dichtkunst besonders gepflegt, und dieser Musenhof befand sich gewiß nicht in Neapel oder Palermo, sondern in Foggia oder in anderen apulischen Schlössern.
Von der lateinischen Dichtung in Apulien ist sicher vieles verloren. Wir besitzen aber noch die Komödie »De Paulino et Polla«, die Richard von Venosa dem Kaiser gewidmet hat,[44] und die religiösen Dichtungen des Abtes

Gregor von Monte Sacro.[45] Dem Kaiser selbst wird eine Reihe von zum Teil sarkastischen Epigrammen auf apulische Städte zugeschrieben.[46]
In Apulien, das so lange kirchlich und kulturell von Byzanz beeinflußt war, gab es damals auch noch Dichtung in griechischer Sprache, und zwar gerade im Umkreis Friedrichs II. Insbesondere im Raum von Otranto war ein Dichterkreis tätig, der nicht nur antike und christliche Stoffe, sondern auch Ereignisse der Zeitgeschichte poetisch behandelte, so den Kampf um Parma, den Romgedanken und das Kaisertum Friedrichs II.[47]
Zu derselben Zeit, in der in Apulien zum letztenmal italogriechische Kultur blühte, entstand am Kaiserhof auch die früheste italienische Dichtung im Volgare, der Volkssprache, getragen von den Staufern – Friedrich II. und seine Söhne Enzo, Friedrich von Antiochia und Manfred dichteten selbst – und von adligen und bürgerlichen Beamten des Hofes.[48] Schon Dante hat diesen Dichterkreis die »scuola poetica siciliana«, die sizilische Dichterschule genannt, aber diese hat mit der Insel Sizilien wenig zu tun. Ihre Angehörigen kamen vor allem aus Süditalien, und ihre Sprache mag ein veredeltes Apulisch gewesen sein, denn Dante sagt in seiner Abhandlung »De vulgari eloquentia«: »Obwohl die einheimischen Apulier im allgemeinen garstig reden, haben einige Erlauchte unter ihnen kunstvoll gesprochen, indem sie in ihre Lieder höfischere Worte einflochten.«[49] Diese Veredelung der Volkssprache ist gewiß ein Verdienst des Kaiserhofes; inhaltlich aber folgten die Dichter weitgehend provenzalischen und französischen Vorbildern, und das mag sich unter anderem daraus erklären, daß gerade in Apulien zahlreiche unter Friedrich II. eingewanderte Franzosen lebten.[50]
Auch für die bildende Kunst hatte Apulien große Bedeutung. Der Kaiser ließ antike Bronzewerke und marmorne Skulpturen nach Lucera bringen, wo sie wahrscheinlich seinen Bildhauern als Muster für eigene Arbeiten dienen sollten.[51] Erstaunliche Schöpfungen dieser Künstler finden sich ja heute noch in Castel del Monte. Auch die Köpfe von Herrschern aus Süditalien, in denen manche Forscher Porträts Friedrichs II. sehen wollen, dürften, soweit sie aus der Stauferzeit und nicht etwa aus der Renaissance stammen, Nachbildungen antiker Skulpturen sein. An der Kathedrale von Foggia war ein nur noch in Resten erhaltenes Relief angebracht, das den hl. Jacobus maior zeigte.[52] Von der Qualität der apulischen Bildhauer zeugen heute noch die Säulenkapitelle in der Krypta der dortigen Kathedrale.
Zu den Ruhmestiteln Friedrichs II. und Manfreds gehört auch die Pflege und Förderung der Wissenschaften. Dieser Wissenschaftsbetrieb war freilich ganz international, und man wird höchstens sagen dürfen, daß sich auch die Gelehrten oft in Apulien aufgehalten haben. Aber kulturlos war die Region auch in dieser Hinsicht gewiß nicht. Wir kennen allein drei Apulier, die an

der von Friedrich II. gegründeten Universität Neapel das Kirchenrecht lehrten: Salvus, anscheinend zugleich Prior von S. Nicola in Bari mit engen Beziehungen zum Kaiserhof, Bartholomeus Pignatellus von Brindisi und Goffred von Trani.[53] Von der in Apulien heimischen gelehrten Bildung zeugt auch der Abt Nikolaus von Bari, der 1229 in Bitonto eine Predigt zu Ehren Friedrichs II. hielt und von dem auch ein panegyrischer Brief an Petrus de Vinea überliefert ist.[54]

Auch die Söhne Friedrichs II. bevorzugten Apulien. Als Konrad IV. im Dezember 1251 von Deutschland nach Süden zog, vermied er Mittelitalien und Campanien und begab sich stattdessen von Friaul aus auf dem Seeweg nach Apulien, wo er überall als König anerkannt wurde, während er Campanien erst unterwerfen mußte. Danach residierte er wieder in Apulien, wo er im Mai 1254, erst 26 Jahre alt, starb.

Auch Manfred weilte meistens in Apulien, nachdem er sich im ganzen Königreich durchgesetzt hatte. In Foggia, Lucera, Lagopesole und anderen Orten ließ er den glänzenden Hof seines Vaters mit seinen Dichtern, Sängern und Gelehrten wiederaufleben. Mit seinem Tod in der Schlacht bei Benevent gegen Karl von Anjou 1266 ging auch diese reiche Kultur unter. – Der Capitanata hatte Manfred seine besondere Fürsorge angedeihen lassen, indem er die Einwohner der alten Hafenstadt Siponto, die durch Erdbeben und Versumpfung verfallen war, 1263 in das von ihm neugegründete Manfredonia umsiedelte und diesen Ort zum Hafen der Provinz bestimmte. Die Neugründung hing natürlich auch zusammen mit der Orientpolitik des Königs, die er seit seiner Vermählung mit Helena von Epirus (1259) betrieb.

Und zuletzt sei noch erwähnt, daß auch Konradin, als er 1268 sein Erbreich betrat, zunächst nach Apulien zog, wo er sich offenbar die meiste Unterstützung für sein Unternehmen versprach. Und tatsächlich hatten sich 1268 auch weite Gebiete Apuliens gegen Karl von Anjou erhoben.[55]

Ich halte inne. Wir haben gesehen, wie Apulien im 13. Jahrhundert beschaffen war, was es für die Staufer von Heinrich VI. bis Konradin bedeutete, und wie Friedrich II. und Manfred diese Region zum Kernland ihres Reiches ausbauten. Aber ich möchte es nicht bei dieser eher positivistischen Betrachtung belassen, sondern fragen: Haben sich die Staufer nur aus rationalen Erwägungen in Süditalien und speziell in Apulien festgesetzt, oder hatten sie zu Apulien vielleicht auch eine emotionale Beziehung? Ich glaube, daß man die letztere Frage bejahen darf.

Seit über hundert Jahren gibt es in der deutschen Geschichtswissenschaft einen Streit, den Streit um die Italienpolitik der deutschen Kaiser und Könige. War ihr Engagement in Italien sinnvoll oder war es ein Unglück für die Geschichte unseres Volkes? Diese Frage erörterte auch einmal mein verehrter Lehrer Hermann Heimpel in einer Göttinger Vorlesung. Er zählte die bekannten Argumente für und gegen die Italienpolitik auf und sagte dann ein wenig ärgerlich, man solle doch endlich mit dieser Diskussion aufhören und sich einmal klarmachen, daß die deutschen Könige, genauso wie wir alle, auch einmal nach Italien reisen wollten, ohne daß sie dafür immer besonders rationale Motive gehabt hätten. Und daran ist sicher etwas Wahres.

Im Jahre 1194 eroberte Kaiser Heinrich VI. das Königreich Sizilien. Dabei begleitete ihn auch sein Kanzler Konrad, Bischof von Hildesheim. Dieser schickte damals einen langen Brief an den dortigen Dompropst, in dem er seine Freude darüber ausdrückte, daß Sizilien jetzt zum Römischen Reich gehöre.[56] Aber der nüchterne Staatsmann Konrad begründete seine Freude nicht etwa damit, daß man mit den Schätzen Siziliens die Reichsfinanzen aufbessern könne, oder daß man mit Süditalien eine Basis für imperiale Politik im Mittelmeerraum gewonnen habe. Er beschrieb Süditalien vielmehr als ein märchenhaftes, sagenumwobenes Land voller Wunder, in dem man noch vieles aus dem griechischen und römischen Altertum sehen könne. Dieses Zauberreich hat ja auch im Parzival Wolframs von Eschenbach seine Spuren hinterlassen. Und viel später noch, 1271, als die Ghibellinen von einem Italienzug Friedrichs des Freidigen träumten, schilderte der italienische Publizist Heinrich von Isernia der böhmischen Königstochter Kunigunde in ähnlicher Weise wie Konrad von Hildesheim die Schönheiten und die Wunder des Südreichs, das ihr durch ihren Verlobten Friedrich zufallen werde.[57]

Nun hatte man im Mittelalter sicher ein anderes Verhältnis zu Natur und Landschaft als heute. Was moderne Touristen magisch anzieht, Gebirge und Meer, beeindruckte unsere Vorfahren bis ins 19. Jahrhundert hinein nur wenig, wurde eher als langweilig oder gar als feindlich empfunden. Und wenn ein gegnerischer Chronist Kaiser Friedrich II. die Äußerung in den Mund legt, der Gott der Juden habe die Terra di Lavoro, Calabrien, Sizilien und Apulien nicht gekannt, sonst hätte er das Land, das er den Juden verhieß und verlieh, nicht so oft gerühmt, so mag dieses Bonmot durchaus echt sein.[58] Aber was hat den Staufer an seinem Südreich so fasziniert? Die »schöne« oder »heroische« Landschaft, die wir heute dort sehen, war es kaum; eher das fruchtbare, kultivierte, einem üppigen Garten ähnliche Land. Apulien mag ihn mit seiner weiten Ebene zwischen den Bergen und dem Meer an das von den Vogesen und dem – damals noch breiten – Gewässer des Rheins begrenzte Elsaß erinnert haben, das er einmal das geliebteste seiner Erbländer genannt hat.[59] Aber ob der apulischen Landschaft, wie Ernst Kantorowicz meinte, in dem gefälligen Wechsel von Gebirge und Hügelketten, von Waldungen, Ebenen und der Nähe des Meeres etwas von der in der Antike geschätzten

Lieblichkeit (amoenitas) anhaftete, oder ob den Kaiser gerade »die Kargheit der noch unausgeschöpften Gegend« anzog, wissen wir nicht.[60]
Auch das Zeugnis seines Sohnes Enzo besagt wenig. In der bolognesischen Gefangenschaft dichtete der junge König unter anderem die oft zitierten Verse:[61]

Va, canzonetta mia,
e saluta messere,
. . . .
e vanne in Puglia piana,
la magna Capitana,
là dov'è lo mio core nott'e dia.

Geh, mein kleines Lied,
und grüsse meinen Herrn,
. . . .
und geh von da in das ebene Apulien,
die große Capitanata,
dorthin, wo Tag und Nacht mein Herz ist.

Aber diese Verse wenden sich nicht an eine ferne Geliebte, wie man geglaubt hat,[62] sondern an den Kaiser (messere), und sind vielleicht eine melancholische Erinnerung an glückliche Tage in der Capitanata, aber keine Huldigung an diese Landschaft.
Ich möchte die emotionalen Beziehungen der Staufer, auch wenn es vielleicht überraschend klingt, auf einem anderen Gebiet suchen, und zwar in ihrer politischen Religiosität. Ich beharre darauf, daß man die Staufer nur verstehen kann, wenn man ihnen zubilligt, daß sie christliche Herrscher sein wollten. Daß bei ihnen, wie so oft im Mittelalter, Religion und Politik kaum zu trennen sind, steht auf einem anderen Blatt. Im Mittelpunkt ihrer persönlichen Frömmigkeit stand die Verehrung des Heiligen Landes. Fünf Staufer – Konrad III., Friedrich I., Friedrich von Schwaben, Heinrich VI. und Friedrich II. – unternahmen Kreuzzüge. Die Staufer förderten den Deutschen Orden und die das Kreuz predigenden Zisterzienser. Im Interesse des Heiligen Landes haben sie sich immer wieder um Eintracht zwischen Papsttum und Kaisertum bemüht.
Und Apulien war das Land der Pilger und der Kreuzfahrer. Seine sakrale Topographie war beherrscht von zwei Wallfahrtsorten, dem Heiligtum des Erzengels Michael in Monte Sant'Angelo auf dem Gargano und der Basilika des heiligen Nikolaus in Bari: Michael, seit jeher der Schutzpatron der Deutschen; Nikolaus, der Schutzpatron der Pilger und Seefahrer. Zu ihnen gesellte sich Jacobus maior, Schutzpatron der Pilger und Helfer im

Heidenkampf. Deutsche Kreuzfahrer errichteten ihm Kirchen in Bari, Barletta und Trani. Jacobus und Nicolaus wurden die Modeheiligen der Stauferzeit.[63] Vor allem Nicolaus genoß die besondere Verehrung Heinrichs VI., Friedrichs II., Konrads IV. und Manfreds. Bischof Konrad von Hildesheim weihte 1197 San Nicola in Bari »zur Zierde der Römischen Kirche und zum Heil des Römischen Reiches«.[64] In der Kathedrale von Foggia ließ Friedrich II. in den zwanziger Jahren eine Nachbildung des Heiligen Grabes errichten[65] und an einer Außenwand ein Relief des heiligen Jacobus als Heidenkämpfer anbringen.[66]

Gehört auch Castel del Monte in diese sakrale Landschaft? Keine Quelle sagt uns etwas über die Bedeutung dieses Bauwerks, und vielleicht ist in ihm auch nur der Architektentraum eines harmonischen Zentralbaues verwirklicht. Aber das regelmäßige Achteck, das der Konstruktion des Baues zugrundeliegt, hat die Forschung nicht ruhen lassen. Man hat in Castel del Monte ein Symbol der staufischen Reichsidee gesehen, zumal die Pfalzkapelle Karls des Großen in Aachen und die sogenannte Reichskrone ja auch achteckig sind und als Anregung gedient haben könnten.[67] Das mag ein Motiv gewesen sein, doch neige ich gerade angesichts der eigenartigen Religiosität Friedrichs II. mehr der These von Wolfgang Krönig zu, der in Castel del Monte ein irdisches Abbild des himmlischen Jerusalem sieht.[68] Und ich glaube, diese These durch ein zusätzliches Indiz stützen zu können. Die Apokalypse des Johannes sagt über das himmlische Jerusalem: »Und er maß ihre Mauer, 144 Ellen« (Apoc. 21, 17). In der Pfalzkapelle zu Aachen beträgt der innere Umfang des Oktogons 144 Fuß.[69] In Castel del Monte beträgt der Umfang des achteckigen Innenhofes nach den letzten Messungen 59,02 m = 199,3 römische Fuß (zu 29,6 cm);[70] gewiß keine symbolische Zahl. Dividiert man jedoch 59,02 durch 144, ergibt sich die Zahl 41 cm. Das könnte eine (kleine) Elle sein, deren Maße im Mittelalter regional zwischen 37,1 und 44,4 (römische Elle) cm schwankten. Nach dieser Berechnung würde der Umfang des Innenhofs von Castel del Monte genau 144 Ellen betragen und damit zweifellos auf das Bild des himmlischen Jerusalem verweisen.

Das Apulien krönende Oktogon hätte dann die Pilger und Kreuzfahrer an die himmlische Stadt erinnert als Ziel der Christenheit am Ende aller Tage und damit der sakralen Landschaft Apuliens eine eschatologische Dimension hinzugefügt. In diesen endzeitlichen Raum hatte Friedrich II. ja auch sich selbst und seine Familie gestellt, als er 1229, nach seiner Rückkehr aus Jerusalem, Friedrich I., Heinrich VI., sich selbst und Konrad IV. in der Kathedrale von Bitonto als Endkaisergeschlecht darstellte.[71] Und auch mit diesem Akt bezeugte Friedrich II. eine geheimnisvolle Verbundenheit der Staufer mit Apulien.

Anmerkungen

1 Zur ersten Orientierung: Guida d'Italia del Touring Club Italiano, Puglia, Milano 1962, Introduzione; Pietro De Leo, Apulien, in: Lexikon des Mittelalters 1, 1980, Sp. 820-823; Carl Arnold Willemsen, Apulien. Land der Normannen – Land der Staufer, 3. Aufl. Köln 1968; Derselbe, Apulien. Kathedralen und Kastelle. Ein Kunstführer durch das normannisch-staufische Apulien, Köln 1971.

2 Druck: C. Carcani, Constitutiones regum regni utriusque Siciliae, Neapel 1786, S. 233-420; Inhaltsangaben der Mandate: J. F. Böhmer, J. Ficker, Regesta imperii 5, 1, Innsbruck 1881-1882, S. 498-549, künftig: BF.

3 Druck: Eduard Winkelmann, Acta imperii inedita seculi XIII, 1, Innsbruck 1880, S. 599-720.

4 Winkelmann (wie Anm. 3) S. 633, Nr. 816.

5 BF 2996, 2997

6 BF 2543

7 BF 3050

8 BF 2914

9 BF 2878, 2966, 2970, 2975

10 Ernst Kantorowicz, Kaiser Friedrich der Zweite, 1, Berlin 1927, S. 259-265; 2 (Ergänzungsband), Berlin 1931, S. 117f.; Erich Maschke, Die Wirtschaftspolitik Kaiser Friedrichs II. im Königreich Sizilien, Vierteljahrschrift für Sozial- und Wirtschaftsgeschichte 53, 1966, S. 289-328.

11 Friedrich Baethgen, Die Regentschaft Papst Innozenz III. im Königreich Sizilien, Heidelberg 1914, S. 102.

12 BF 1289 bis 1324

13 BF 1473a; Dankwart Leistikow, Die Residenz Kaiser Friedrichs II. in Foggia, Burgen und Schlösser 18, 1977, S. 1-12.

14 Quaternus de excadenciis et revocatis Capitinatae, Montecassino 1903, S. 17-31. Vgl. auch Carlrichard Brühl, Les notions de capitale et de résidence pendant le Haut Moyen Age, Journal des Savants 1967, S. 193-215.

15 BF 1924

16 Karl Hauck, Tiergärten im Pfalzbereich, in: Deutsche Königspfalzen 1, Göttingen 1963, S. 30-74, über Friedrich II. S. 63f. und S. 66-71.

17 Arthur Haseloff, Die Kaiserinnengräber in Andria, Rom 1905.

18 Eduard Sthamer, Die Reste des Archivs Karls I. von Sizilien im Staatsarchiv zu Neapel, Quellen und Forschungen aus italienischen Archiven und Bibliotheken 14, 1911, S. 73f. und S. 124f.

19 Giovanni Magli, Zecche e monete in Puglia durante la dominazione sveva, Archivio Storico Pugliese 13, 1960, S. 177-186.

20 Hans Martin Schaller, Die staufische Hofkapelle im Königreich Sizilien, Deutsches Archiv für Erforschung des Mittelalters 11, 1954/55, S. 463-505.

21 Selbst ein Literat am Kaiserhof, Terrisius von Atina, sprach in zwei Briefen vom »regnum Apulie«: Wilhelm Wattenbach, Über erfundene Briefe in Handschriften des Mittelalters, Sitzungsberichte der Preussischen Akademie der Wissenschaften, Phil.-hist. Kl. 1892, S. 94f. – dazu H.M. Schaller, in: Fälschungen im Mittelalter (Monumenta Germaniae Historica, Schriften 33, 5, Hannover 1988) S. 84f. – und Winkelmann (wie Anm. 3) S. 570.

22 Das »iugum Apule servitutis« beklagt ein Brief der Sammlung des Bonus von Lucca: Augusto Gaudenzi, Bullettino dell'Istituto Storico Italiano 14, 1895, S. 167.

23 Winkelmann (wie Anm. 3) S. 630 Nr. 811: »unus ex Apulia«.

24 Eduard Winkelmann, Philipp von Schwaben und Otto IV. von Braunschweig, 2, Leipzig 1878, S. 335f. – Noch 1241 prophezeien ghibellinische Verse von Friedrich II. »et puer Apulie terras in pace habebit«: O. Holder-Egger, Neues Archiv der Gesellschaft für ältere deutsche Geschichtskunde 30, 1905, S. 365. – Auch der Kopf des Kaisers (Solari-Abguß) vom 1239 vollendeten Brückentor von Capua dürfte von dem Wunsch Friedrichs II. zeugen, als »puer Apulie« in ewiger Jugendlichkeit dargestellt zu werden.

25 Dankwart Leistikow, Burgen und Schlösser in der Capitanata im 13. Jahrhundert, Bonner Jahrbücher 171, 1971, S. 416-441; als Monographie in italienischer Sprache: Castelli e palazzi nella Capitanata del XIII secolo, Foggia 1989.

26 Kurt Forstreuter, Der Deutsche Orden am Mittelmeer, Bonn 1967, S. 124-134.

27 BF 2728, 2980; Riccardus de Sancto Germano, Chronica, hg. von C.A. Garufi (Rerum Italicarum Scriptores 7, 2, 1936-38) S. 184.

28 Kantorowicz (wie Anm. 10) Bd. 1, S. 296.

29 Dankwart Leistikow, Zum Mandat Kaiser Friedrichs II. von 1240 für Castel del Monte, Architectura. Zeitschrift für Geschichte der Baukunst 22, 1992, S. 17 - 21 betont mit Recht, daß der Kaiser den in Auftrag gegebenen Bau als »castrum« bezeichnet.

30 So Carl Arnold Willemsen, Castel del Monte, 2. Aufl. Frankfurt am Main 1982, S. 89f., und zuletzt Heinz Götze, Castel del Monte. Gestalt und Symbol der Architektur Friedrichs II., 3. Aufl., München 1991, S. 151f.

31 In dem Mandat (BF 2742) wird seit J.-L.-A. Huillard-Bréholles, Historia diplomatica Friderici secundi, 5, 2, 1859, S. 697, das Wort »actractus« als Verschreibung von »astracus« (Estrich) gedeutet. Leistikow (wie Anm. 29) zeigt, daß »actractus« in baugeschichtlichen Quellen des 12. und 13. Jahrhunderts ganz klar die »Bereitstellung von Baumaterial« bedeutet.

32 Winkelmann (wie Anm. 3) S. 773; Eduard Sthamer, Die Verwaltung der Kastelle im Königreich Sizilien unter Kaiser Friedrich II. und Karl I. von Anjou, Ergänzungsband 1, Leipzig 1914, S. 105 Nr. 99.

33 Winkelmann (wie Anm. 3) S. 768; Sthamer (wie Anm. 32) S. 86.

34 Niels von Holst, Die Salvatorkirche des Hochmeisters Hermann von Salza in Andria, Mitteilungen des Kunsthistorischen Institutes in Florenz 20, 1976, S. 379-389.

35 Ein angiovinisches Verzeichnis von 1269 erwähnt, daß der Baron Marinus de Ebulo und dessen Sohn Riccardus von Manfred in Castel del Monte eingekerkert worden waren: Huillard-Bréholles (wie Anm. 31) 6, 2, 1861, S. 918. Der Abfall des Marinus dürfte bereits vor April 1255 (siehe BF 8978), seine Gefangennahme spätestens bei der Unterwerfung der Terra di Lavoro durch Manfred im Juni 1256 (BF 4656e) erfolgt sein.

36 Das Kloster S. Maria de Monte wird 1192 genannt: Le Liber Censuum de l'Église Romaine, hg. von Paul Fabre, 1, Paris 1905, S. 32b. Papst Alexander IV. erwähnt in einem Mandat vom 23. August 1258, daß das Kloster wegen der tyrannischen Verfolgung durch Kaiser Friedrich nach Barletta verlegt worden sei: Les registres d'Alexandre IV., 2, Paris 1917-31, S. 816, Nr. 2654. Weitere Belege in: Monasticon Italiae 3, a cura di G. Lunardi, H. Houben, G. Spinelli, Cesena 1986, S. 29, Nr. 8.

37 Riccardus de S. Germano (wie Anm. 27) S. 184 und S. 188.

38 BF 3050; Text: Huillard-Bréholles (wie Anm. 31) 5, 2, 1859, S. 943.

39 Vgl. die zusammenfassende Darstellung von Carl Arnold Willemsen, Kaiser Friedrich der Zweite als Wissenschaftler und Jäger, in: Schriften zur staufischen Geschichte und Kunst 2, Göppingen 1971, S. 31-66.

40 Mattheus Parisiensis, Chronica maiora, hg. von F. Liebermann (Monumenta Germaniae Historica, Scriptores 28, 1888) S. 220.

41 Saba Malaspina, Rerum Sicularum historia, hg. von L. A. Muratori (Scriptores rerum Italicarum 8, 1726) Sp. 799, dazu BF 3221.

42 Kantorowicz (wie Anm. 10) Bd. 1, S. 298; Bd. 2, S. 143.

43 BF 2595, 2711, 2712.

44 Hg. von Stefano Pittaluga, in: Commedie latine del XII e XIII secolo, 5, 1986, S. 83-227.

45 Udo Kindermann, Der Dichter vom Heiligen Berge, Nürnberg 1989.

46 Benedetto Paolillo, I distici di Federico II. di Svevia in dileggio delle città di Puglia, Bari 1924, und Francesco Babudri, Federico II. nella tradizione culturale e populare pugliese, Archivio Storico Pugliese 15, 1962, S. 32-82.

47 Vgl. zuletzt Michael B. Wellas, Griechisches aus dem Umkreis Kaiser Friedrichs II., München 1983, S. 75-130.

48 Aus der riesigen Literatur nenne ich hier nur Rudolf Baehr, Die Sizilianische Dichterschule und Friedrich II., in: Probleme um Friedrich II., Sigmaringen 1974, S. 92-107, und Carl A. Willemsen, Kaiser Friedrich II. und sein Dichterkreis, Wiesbaden 1977.

49 Dante Alighieri, De vulgari eloquentia I, 12, 8, in: Opere di Dante, Nuova edizione 6, Firenze 1957, S. 106.

50 Émile Bertaux, Les Français d'outre mer en Apulie et en Empire au temps des Hohenstaufen d'Italie, Revue Historique 85, 1904, S. 225-251.

51 Kantorowicz (wie Anm. 10) Bd. 2, S. 161 und S. 210.

52 Fritz Jacobs, Die Kathedrale S. Maria Icona Vetere in Foggia, phil. Diss. Hamburg 1968, Teil 1, S. 179-212, deutet das Relief als Kaiser Konstantin.

53 Zu Bartholomeus: Kantorowicz (wie Anm. 10) Bd. 2, S. 267 Nr. 3; Goffred: ebenda S. 268 Nr. 7; Salvus: ebenda S. 269 Nr. 17, zu dessen Herkunft aus Bari: Schaller (wie Anm. 20) S. 504 Nr. 62.

54 Rudolf M. Kloos, Nikolaus von Bari, eine neue Quelle zur Entwicklung der Kaiseridee unter Friedrich II., Deutsches Archiv für Erforschung des Mittelalters 11, 1954/55, S. 166-190.

55 Karl Hampe, Geschichte Konradins von Hohenstaufen. Mit einem Anhang von Hellmut Kämpf und einer Kartenskizze, Leipzig 1940, S. 353-357 und S. 452.

56 Text in: Arnold von Lübeck, Chronica Slavorum, hg. von J.M. Lappenberg (Monumenta Germaniae Historica, Scriptores rerum Germanicarum, 1868), S. 174-183.

57 Karl Hampe, Beiträge zur Geschichte der letzten Staufer. Ungedruckte Briefe aus der Sammlung des Magisters Heinrich von Isernia, Leipzig 1910, S. 115-122.

58 Salimbene, Cronica, hg. von O. Holder-Egger (Monumenta Germaniae Historica, Scriptores 32, 1905-13) S. 350.

59 BF 2243; Text: Huillard-Bréholles (wie Anm. 31) 5, 1, 1857, S. 61.

60 Kantorowicz (wie Anm. 10) Bd. 1, S. 296.

61 Text: Bruno Panvini, Le rime della scuola siciliana, 1, Firenze 1962, S. 217 als Strophe 5 von »Amor mi fa sovente«. Tatsächlich dürfte Strophe 5 ein eigenes Lied sein, das mit den Strophen 1-4, die an eine Geliebte gerichtet sind, nur die Form gemeinsam hat.

62 Willemsen (wie Anm. 48) S. 47. Mit »messere« ist zweifellos Kaiser Friedrich II. gemeint.

63 Niels von Holst, Zu den Jakobs- und Nikolauspatrozinien im Italien der Stauferzeit, Mitteilungen des Kunsthistorischen Institutes in Florenz 24, 1980, S. 357-361.

64 Codice diplomatico barese 13, 1936, hg. von F. Nitti di Vito, S. XXV.

65 Jacobs (wie Anm. 52) S. 381-407.

66 N. von Holst (wie Anm. 63) S. 357 und S. 360 Anm. 13, weist hin auf als Konstantin geltende Reiterfiguren an westfranzösischen Kirchen, die in vielen Fällen eher Jacobus darstellen. Als solchen möchte ich auch das Relief in Foggia (siehe oben Anm. 52) ansprechen.

67 Vgl. zuletzt die Erwägungen von Götze (wie Anm. 30) S. 172-174.

68 Wolfgang Krönig, Castel del Monte, der Bau Kaiser Friedrichs II., Kunstchronik 9, 1956, S. 285-287.

69 Matthias Untermann, Der Zentralbau im Mittelalter, Darmstadt 1989, S. 100.

70 Götze (wie Anm. 30) S. 163.

71 Hans Martin Schaller, Das Relief an der Kanzel der Kathedrale von Bitonto, Archiv für Kunstgeschichte 45, 1963, S. 295-312.

Programm

14. Göppinger Staufertage 11. bis 13. Oktober 1991

Freitag, 11. Oktober	Stadthalle Göppingen, Märklinsaal
19.30	Begrüßung und Eröffnung Claus Anshof, Gesellschaft für staufische Geschichte e.V. Vortrag Romanisches Apulien Prof. Dr. Pina Belli D'Elia Universität Bari, Institut für mittelalterliche und moderne Kunstgeschichte, Übersetzung: Prof. Leopoldo Bibbò, Foggia Buchpräsentation Hohenstaufische Erinnerungen in Apulien Vorstellung der Neuausgabe von Arthur Haseloffs Aufsatz von 1906 mit einer Übersetzung ins Italienische von Prof. Leopoldo Bibbò, Foggia, im Anton H. Konrad Verlag, Weißenhorn Musikalische Umrahmung Zeller Streichquartett Haydn (Allegro moderato opus 77,1) Beethoven (Menuetto aus opus 18,5) Mozart (Adagio KV Nr. 458)
Samstag, 12. Oktober	Stadthalle Göppingen, Märklinsaal
10.30	Castel del Monte Baudenkmal zwischen Spekulation und Forschung Dr.-Ing. Dankwart Leistikow, Architekt, Dormagen
14.00	Ausblicke aus dem Apsisfenster der Kathedrale zu Bari Dr. Horst Schäfer-Schuchardt, Kunsthistoriker, Würzburg und Bari
15.00	Die Statue Friedrich II. am Capuaner Brückentor Prof. Dr. Peter Cornelius Claussen Universität Zürich, Kunstgeschichtliches Seminar
20.00	Die Staufer und Apulien Prof. Dr. Hans Martin Schaller Monumenta Germaniae Historica, München
Sonntag, 13. Oktober	Studienfahrt zu Stauferstätten auf der Ostalb Leitung: Oberarchivrat Manfred Akermann, Schwäbisch Hall

Die Autoren

Pina Belli D'Elia
Professorin am Institut für mittelalterliche und moderne Kunstgeschichte an der Universität Bari. 1989 erschien in deutscher Übersetzung ihr Buch »Romanisches Apulien«.

Peter Cornelius Claussen
Studium der Kunstgeschichte in Tübingen, Marburg, Bonn und Mainz. Promotion 1973 über die Portale der Kathedrale in Chartres. Stipendium in Rom. Anschließend Hochschulassistent in Heidelberg. Dort 1983 Habilitation mit einer Arbeit über mittelalterliche Marmorkunst in Rom (Magistri Doctissimi Romani, Stuttgart 1987). 1983 - 1988 Professor in Frankfurt und seit 1988 in Zürich. Zahlreiche Publikationen über »Antike und Mittelalter«, Mittelalterliche Goldschmiedekunst, insbesondere Nicolaus von Verdun, Gotische Skulptur, Sozialgeschichte der Künstler im Mittelalter, römische Architektur, Skulptur und Mosaikkunst vom 11. - 14. Jahrhundert, staufische Skulptur.

Dankwart Leistikow
Nach praktischer Tätigkeit im Baufach und in der Denkmalpflege (als Maurer, Steinmetz und Zimmermann) u. a. in Heidelberg, Studium der Architektur an der Technischen Hochschule Karlsruhe. 1953 Diplom (Prof. Egon Eiermann), Studium (Prof. Oscar Reuther) und Promotion in Baugeschichte 1956 (Prof. Arnold Tschira). Berufstätigkeit als Architekt 1956 - 1989 in der Großindustrie, seit 1984 als Leiter der Architektur im Zentralen Ingenieurwesen der Bayer AG Leverkusen.
Baugeschichtliche Arbeiten und Publikationen mit den Arbeitsschwerpunkten: Architektur des 12. und 13. Jahrhunderts, besonders Wehrbau, Geschichte des Krankenhausbaues, Staufische Architektur in Süditalien, Kreuzfahrerarchitektur im Heiligen Land, Klosterbaukunst, Mittelalterlicher Baubetrieb, Werkzeuge und Geräte der Steinmetzen.
Mitglied der Koldewey-Gesellschaft für Baugeschichtliche Forschung und des Wissenschaftlichen Beirats des Internationalen Burgeninstituts IBI/ Europa Nostra und der Wartburg-Gesellschaft.

Horst Schäfer-Schuchardt
Studium der Rechtswissenschaft und Kunstgeschichte, Archäologie, Vor- und Frühgeschichte in Würzburg und Perugia, Staatsexamen in Jura. Promotion in Kunstgeschichte 1972 an der Universität Würzburg über die Kanzeln des 11. - 13. Jahrhunderts in Apulien. Von 1973 - 1978 Stipendiat an der Bibliotheca Hertziana, Deutsches Kunsthistorisches Institut der Max Planck Gesellschaft, in Rom und der Deutschen Forschungsgemeinschaft. Tätig als Autor, Wissenschaftlicher Forscher und Anwalt, Zweiter Vorsitzender der Dante Alighieri Gesellschaft in Würzburg. Dokumentarfilme und Publikationen über kunst- und kulturgeschichtliche Themen. 1987 erschien der 1. Band des Corpus über »Die figürliche Steinplastik des 11. - 13. Jahrhunderts in Apulien«.

Hans Martin Schaller
Studium der Fächer Geschichte, Deutsch, Latein in Jena, Straßburg und Göttingen, Dr. phil. 1951, 1952 - 1957 Stipendiat am Deutschen Historischen Institut in Rom, dann Mitarbeiter der Monumenta Germaniae Historica in München. Habilitation für mittelalterliche Geschichte und historische Hilfswissenschaften 1966 in Salzburg; 1970 - 1971 o. Professor an der Universität Würzburg. Aus persönlichen Gründen Rückkehr an die Monumenta in München, seit Herbst 1988 im Ruhestand. Mitherausgeber des Deutschen Archivs für Erforschung des Mittelalters seit 1970, ordentliches Mitglied der Zentraldirektion der Monumenta seit 1972. Wichtigstes Buch: Kaiser Friedrich II. (3. Auflage 1991). Zahlreiche Veröffentlichungen vor allem zur Geschichte der Stauferzeit.

Bildnachweis

Archivio di Stato di Foggia, Dogana delle pecore, Serie I f. 20. Antonio e Nunzio Michele di Rovere, Atlante delle locazioni ...., um 1686 *Abb. 2*

Bayerisches Hauptstaatsarchiv, München *Abb. 36 (Signatur KS 664, Vorlage und Aufnahme)*

Bibliotheca Angelica Vaticana, Rom *Abb. 33 (Vorlage und Aufnahme)*

Bildarchiv Foto Marburg *Abb. 39, 40*

G. Chierici, Castel del Monte, I Monumenti Italiani Rilievi raccolti a cura della Reale Accademia d'Italia, Roma 1934 *Abb. 10 (Tav. XIX), 12 (Tav. I, Ausschnitt)*

P. C. Claussen *Abb. 32 (Aufnahme), 35 (unter Verwendung eines Fotos aus dem Nachlaß Willemsen), 41 (Aufnahme)*

Florenz, Uffizien *Abb. 30 (Vorlage Nachlaß C. A. Willemsen, Messe Frankfurt GmbH)*

H. Götze, Castel del Monte, München 1984, S. 91, Abb. 152 (Krönig, nach Chierici) *Abb. 7*

J.-L.-A. Huillard-Bréholles, Recherches sur les Monuments ... dans L'Italie méridionale, Paris 1844, Pl. XXII. *Abb. 9*

D. Leistikow, Dormagen *Abb. 5 (Zeichnung), 8 (Zeichnung), 12 (Zeichnung nach Aufnahme um 1910, Kunsthistorisches Institut der Universität Kiel, ohne Material- und Farbangaben), 14 (Aufnahme, 1954)*

G. Saponaro (Hrsg.), Castel del Monte, Bari 1981, S. 59 *Abb. 4*

H. Schäfer-Schuchardt *Abb. 16, 17, 18, 19, 21, 22, 23, 24, 25, 26, 27, 28, 29 (Vorlagen und Aufnahmen), 20 (Zeichnung)*

J.-B. Séroux d'Agincourt, Historie de l'art par les monuments. Sculpture, IVe Partie, Paris 1823, pl XXVII, no. 4 *Abb. 34*

C. Shearer, The Renaissance of Architecture in Southern Italy, Cambridge 1935 *Abb. 31*

Stadtarchiv Göppingen *Abb. 1, 3, 13, 15 (Aufnahmen Lala Aufsberg)*

A. Thiery, Semantica sociale: messagi e simboli, in: Potere, società e popolo nell' età sveva (1210 - 1266), Bari 1985, S. 222 (Abb. 6) *Abb. 6*

R. De Vita, Castelli, torri ed opere fortificate di Puglia, Bari 1974, S. 102 (Abb. 90) *Abb. 11*

C. A. Willemsen (Nachlaß Messe Frankfurt GmbH) *Abb. 37, 38*

Frontispiz
Kaiser Friedrich II., Skulptur vom Brückenkastell in Capua.
Hier sind Abgüsse von den erhaltenen Torsohälften und von dem Kopf aus dem Museo Campano in Capua wieder zu einer Figur zusammengefügt. Diese ist im Dokumentationsraum für staufische Geschichte in Göppingen-Hohenstaufen ausgestellt.
Aufnahme: Dieter Dehnert, Göppingen-Jebenhausen

Umschlagbild
Castel del Monte
Illustration aus dem Aufsatz
»Hohenstaufische Erinnerungen in Apulien«
von Arthur Haseloff, veröffentlicht in
Westermanns Illustrierte Deutsche Monatshefte von 1906

Schriften zur staufischen Geschichte und Kunst

Herausgeber: Gesellschaft für staufische Geschichte e.V.
Bezugsadresse: Stadtarchiv Göppingen, Postfach 1149, 73011 Göppingen

Band 1 Karl Nothnagel, Staufische Architektur in Gelnhausen und Worms. Bearbeitet von Fritz Arens. Göppingen 1971. 167 S. mit Abb.

Band 2 Göppinger Staufertage 10. bis 12. Oktober 1970. Vorträge und Besichtigungen. Göppingen 1971. 71 S. mit Abb.
– vergriffen –

Band 3 Selbstbewußtsein und Politik der Staufer. Vorträge der Göppinger Staufertage in den Jahren 1972, 1973 und 1975. Göppingen 1977. 72 S. mit Abb.

Band 4 Carl A. Willemsen, Die Bildnisse der Staufer. Göppingen 1977. 60 S. mit 117 Abb.

Band 5 Die Staufer in Schwaben und Europa. Vorträge der Göppinger Staufertage 1977 und 1978 sowie des Festakts »900 Jahre Staufisches Herzogtum« am 23. März 1979 in Göppingen. Göppingen 1980. 83 S. mit Abb.
– vergriffen –

Band 6 Zur Wirtschafts- und Sozialgeschichte der Stauferzeit. Vorträge der Göppinger Staufertage 1980. 72 S. mit Abb.
– vergriffen –

Band 7 Zur Geschichte der Kreuzzüge in der Stauferzeit. Vorträge der Göppinger Staufertage 1982. Göppingen 1983. 80 S. mit Abb.
– vergriffen –

Band 8 Alltag in der Stauferzeit. Vorträge der Göppinger Staufertage 1983. Göppingen 1984. 98 S. mit Abb.
– vergriffen –

Band 9 Babenberger und Staufer. Vorträge der Staufertage 1985 in Klosterneuburg und erweiternde Beiträge. Göppingen 1987. 135 S. mit Abb.

Band 10 Barbarossa und die Prämonstratenser. Vorträge der Staufertage – Nachmittag der Adelberger Geschichte 1988 in Adelberg. Göppingen 1989. 123 S. mit Abb.

Band 11 Stadt in der Stauferzeit. Vorträge der Göppinger Staufertage 1990. Göppingen 1991. 110 S. mit Abb.

Band 12 Arthur Haseloff, Hohenstaufische Erinnerungen in Apulien. Neuausgabe des 1906 veröffentlichten Aufsatzes mit einer Einleitung von Dankwart Leistikow, einer Übersetzung ins Italienische von Leopoldo Bibbò und Fotos von Lala Aufsberg und Anton H. Konrad. Weißenhorn 1991. 103 S. ISBN 3 87437 314 2